LETTRES

DE

L'ABBÉ LEBEUF

PUBLIÉES

PAR LA SOCIÉTÉ DES SCIENCES

HISTORIQUES ET NATURELLES DE L'YONNE

SOUS LA DIRECTION

DE MM. QUANTIN ET CHÉREST

VICE-PRÉSIDENTS DE LA SOCIÉTÉ

—

TABLE ANALYTIQUE

AUXERRE

G. PERRIQUET, IMPRIMEUR DE LA SOCIÉTÉ.

PARIS

DURAND, LIBRAIRE, RUE CUJAS, 9.

—

M DCCC LXVIII.

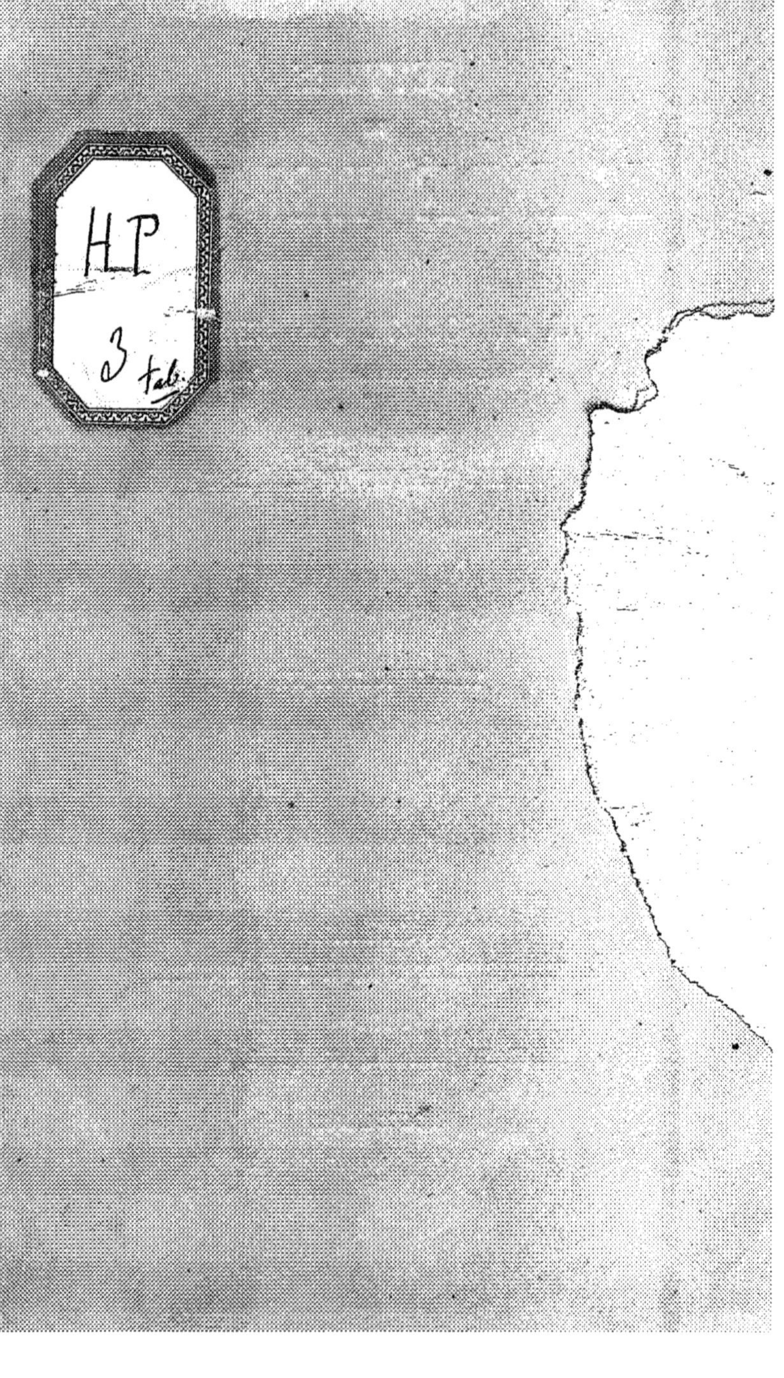
H.P.
3 tab.

LETTRES DE L'ABBÉ LEBEUF.

LETTRES

DE

L'ABBÉ LEBEUF

PUBLIÉES

PAR LA SOCIÉTÉ DES SCIENCES

HISTORIQUES ET NATURELLES DE L'YONNE

SOUS LA DIRECTION

DE MM. QUANTIN ET CHÉREST

VICE-PRÉSIDENTS DE LA SOCIÉTÉ.

TABLE ANALYTIQUE.

G. PERRIQUET, IMPRIMEUR DE LA SOCIÉTÉ.

M DCCC LXVIII.

LETTRES

DE

L'ABBÉ LEBEUF.

TABLE ANALYTIQUE.

A

ABBESSE DE CHELLES (L'). — Protége Lebeuf à l'occasion de la saisie du livre de la *Prise d'Auxerre*, I, 373.

ABLON, greffier à Sens en 1444. — Lebeuf fait faire des recherches sur cette famille, II, 124, 141.

ACADÉMIE DES SCIENCES. — Lebeuf écrit à Fenel au sujet du prix du concours de 1743, II, 411.

ACADÉMIE DES INSCRIPTIONS ET BELLES-LETTRES. — Sur le sujet du concours de 1738, II, 242. — Nouvelles données par Lebeuf sur ce même sujet en 1741, 343. — Renseignements sur plusieurs de ses membres et leur état de santé en 1742, 401. — Relation d'une séance en 1744, 474. — Élection de M. Bellet; détails sur ce qu'on y dit de Fenel, 479. — Nouvelles sur la séance de rentrée en 1745, 518; en 1746, 524. — Anecdotes sur les disputes qui y ont eu lieu, 532.

ACADÉMIE DES INSCRIPTIONS. — Lebeuf trace à Fenel la marche à suivre pour obtenir les suffrages des Académiciens, II, 485. — Lui conseille d'annoncer qu'il cultivera la littérature grecque et les médailles, 486. — Détails sur l'élection de Fenel, 489.

ACADÉMIE DE SOISSONS. — Prix remporté par Biet en 1736, II, 197. — Lebeuf y a concouru, 200. — Sujet du concours en 1741, 314. — Mode d'envoi des pièces au concours et d'avis de l'issue du concours, 393. — Fenel a remporté le prix en 1743, 413. — Détails sur le concours de 1744

où Fenel échoua, 468, 482. — On projette de mettre au concours, en 1744, un sujet d'éloquence, 481.

ADAM, doyen de Sens. — Donne 4 volumes aux Chartreux de Bellary, I, 59. — Sa tombe à Saint-Sauveur-des-Vignes, 66.

ADAM, médecin à Paris. — Ramasse des pétrifications, II, 124. — Ses opinions singulières sur la création, etc., 125. — Il a *accroché* des pétrifications à Lebeuf et les a emportées en Hollande, 126.

ADAM (Louis). — Jeune protégé de Lebeuf qui vivait avec lui, II, 320. — Très-bien reçu par Fenel, 328. — Le copiste de Lebeuf, 439.

ADINE d'Auxerre, secrétaire de Gabriel de Sion, grec, I, 349.

ADON, près Gien. — En 1458, l'abbé de Saint-Germain y confie au curé le corps de sainte Berthe, I, 263.

AGANON (Cartulaire d'), conservé à la Bibliothèque de Chartres, II, 493.

Agendicum. — Lebeuf en cherche l'emplacement aux environs de Sens, II, 166. — C'était une ville romaine selon Fenel, 169. — Autre hypothèse de Fenel sur son emplacement, 181. — Position de cette ville, 217. — L'*Agendicum* gaulois peut être un peu différent de l'*Agendicum* romain, 275.

ALEXANDRE (Le P.), dominicain, II, 35. — Sa dissertation sur sainte Madeleine et saint Lazare font pitié à Lebeuf, 46.

AKOUSMATE D'ANSACQ (Mémoire de Fenel sur l'), II, 122, note 1, et 124. — Ibid., 280.

ALISE. — Lebeuf la visite en 1728, II, 54.

Alleluia. — Dissertation de Vertot sur ce cri poussé par les soldats de saint Germain, I, 413.

Algorisme, terme mieux écrit Algorithme, II, 305. — Voyez ce mot dans Ducange, 311.

ALGRINUS ou ALGRIN, chancelier. — Sa tombe à l'abbaye de Pontigny, I, 138.

ALPAIS DE CUDOT (Note sur la bienheureuse), I, 255. — Son tombeau est dans l'église de Cudot, 372. — Sa vie en manuscrit a été envoyée au P. du Molinet, ibid. — Est née à Triguière, II, 294. — Mémoire sur elle dans le *Journal de Verdun* de 1752, 553.

AMATUS, prétendu évêque de Sens. — Lebeuf adresse à un P. Bollandiste des observations pour prouver que c'est à tort qu'on le qualifie de ce titre, II, 572.

AMATUS, HONOBERTUS ET HONULFUS, personnages rejetés de la liste des prélats Sénonais, II, 570.

AMBASSADEUR DE LA PORTE. — Son passage à Auxerre en 1721, I, 238.

AMBASSADEUR TURC. — Son arrivée à Versailles, et incident grotesque, II. 360.

AMETTE, secrétaire de l'Archevêché de Sens. — Auteur d'un Pouillé manuscrit de ce diocèse, I, 53.

AMIENS. — A changé d'emplacement, II, 370.

AMMIEN-MARCELLIN. — Ses manuscrits sont très rares, II, 293.

AMPRITHÉATRE DE DOUÉ EN ANJOU, II, 346.|

AMYENS (M. d'). — Il annonce à Lebeuf que la Société littéraire d'Amiens l'a nommé membre honoraire (1750), II, 544.

AMYOT. — Lebeuf possédait une lettre pastorale autographe de cet évêque, I, 19.

AMYOT (Edme), doyen d'Auxerre, d'abord chanoine de Sens, I, 76. — Auteur d'un livre sur la messe, 252, et II, 20.

ANCEL, Chanoine de Saint-Quentin. — Lebeuf, son cousin, le remercie de son hospitalité, II, 511.

ANGELELME, abbé de Saint-Gervais d'Auxerre, I, 128.

ANNALES DE SAINT-BERTIN. — Recherches de Lebeuf sur les auteurs de cet ouvrage, II, 239.

ANNEAU D'OR trouvé à Bayeux dans le ventre d'un poisson. — Explication, II, 526.

ANNEAUX DE MARIAGE. — Sur la coutume d'en donner deux à Seignelay, I, 223. — Comme dans l'église grecque, 224.

ANOBLISSEMENT DU VENTRE. — Coutume de Champagne, Son origine, II, 568.

ANSACQ (Bruits d'), II, 139. — Voyez AKOUSMATE.

ANTHOINE, protonotaire apostolique, I, 182.

ANTIQUITÉS trouvées au climat de Sainte-Geneviéve, à Auxerre, I, 344.

ANTONINS OU LES RELIGIEUX DE SAINT-ANTOINE (Mémoire critique sur les), dû au P. Prévost, I, 402, note 31.

APPAREIL DES CONSTRUCTIONS DU TEMPS DU ROI ROBERT, au XIe siècle, II, 500.

APPELANTS DE LA BULLE *Unigenitus* (Les chanoines d'Auxerre, au nombre

de 17), en 1717, I, 83, note 2. — Les religieux de Saint-Germain se joignent à eux, 85.

APPLEINE (Nicolas), chanoine de Prémery, II, 149.

ARBORUCHES, peuples de la Basse-Flandre, II, 458.

ARC DE TRIOMPHE D'ORANGE. — Mémoire de M. Monard sur ce monument, II, 565. — Son origine, selon M. Caristie, serait du Ier siècle de l'ère chrétienne, ibid., note 4.

ARCHEVÊQUES DE SENS. — Leur histoire à l'étude, par Fenel jeune, II, 238. — Monseigneur Languet veut en faire graver la liste derrière le grand autel, II, 473. — Ses prétentions sur la qualification d'évêque donnée à certains personnages, contest'es par Fenel, 473. — Discussions sur la table nécrologique des archevêques, par Fenel, 487. — Observations de Lebeuf, 492, 493. — Difficulté chronologique sur l'un d'eux, nommé Villicarius, 539. — La liste en a été gravée par Mgr de Luynes dans le chœur de la cathédrale, 570. — Erreurs commises dans l'orthographe des noms, ibid.

Arealus, lieu cité dans Frédégaire, II, 249.

Arelaunum, extrémité de la forêt de Bière, II, 503,

ASFELD (L'abbé d'), janséniste, II, 63.

ASSOMMEURS, bande d'assassins ainsi nommés, qui furent roués à Paris, en 1742, II, 391.

ATELDIS, archevêque de Sens. — On a trouvé son corps dans le sanctuaire de la cathédrale, en 1742, II, 374.

AUDIBER (D') DE LUSSAN, évêque de Périgueux, nommé archevêque de Bordeaux, II, 420.

AUMONE GÉNÉRALE (L'), fondée à Auxerre par M. de Caylus, en 1714, I, 505, note 2.

Aureliani. — Examen de ce nom, appliqué à divers lieux de France, II, 368.

AURÉLIEN, moine de Moutier-Saint-Jean, auteur d'un traité de musique, II, 24.

Autricus. — Auxerre primitif, non entouré de murs à l'arrivée de saint Pèlerin, II, 363. — Lebeuf soutient qu'Auxerre a porté ce nom, 567. — Gaspard Damy également, ibid., note 4.

AUTUN. — Schisme qui divise l'église en 1739, II, 259. — Abbaye Saint-Martin, renseignements sur des reliques de saints inconnus à Lebeuf,

575. — Eglise construite par les soins du prieur de Saint-Martin, 576.

Auxerre. — Portrait qu'en fait Théodore de Bèze, I, 320. — Son nom est odieux à la cour, II, 94. — Restes des anciennes tours romaines, II, 189. — Opinion de Lebeuf sur cette ville gauloise, 217. — L'argent y est fort rare, en 1742, 405.

Auxerre (D'). — Nom d'une famille très répandue, même en Espagne, I, 347.

Avalensis pagus. — Mémoire de Letors sur ce sujet, II, 268.

Avallon. — Le portail de l'église Saint-Lazare date du xii° siècle, II, 37, et note 3. — L'eglise est plus ancienne que Gérard de Roussillon, 520.

Avallonnais. — Questions géographiques sur des villages de ce pays, II, 119, 120.

Avent. — Ce temps liturgique était regardé au ix° siècle et depuis comme un temps de joie, I, 211.

Avrolles ou Evrolles. — Village près de Saint-Florentin, I, 89. — L'ancien *Eburobriga*, 117.

Aymon (Pierre), évêque d'Auxerre, I, 112.

B

Bacerna. — Bazarne, village à cinq lieues d'Auxerre, II, 137.

Bailler. — Ses erreurs sur la topographie du diocèse d'Auxerre, I, 15.

Baillis de Sens et d'Auxerre (Liste des) aux xiv° et xv° siècles, I, 276.

Baller. — Promenade du préchantre du chapitre de Sens dans l'église, II, 169.

Ballivet (Jean), prieur de Saint-Germain d'Auxerre, I, 342.

Bandoulière (De la), chanoine (?), I, 77.

Baptême. — Mode de baptiser par immersion, en usage dans les temps anciens ; description des cérémonies, II, 497.

Bargedé (Charles-Henri), auteur Auxerrois, I, 226.

Barois, libraire à Paris, II, 419.

Baronius. — Bévue de Lebeuf à son sujet, II, 91.

BAS-RELIEF EN MARBRE, représentant l'histoire de Méleagre, trouvé à Paris, en 1620, II, 419.

BASTARD (le comte Léon de). — A fait don à la Société des Sciences de plusieurs lettres autographes de Lebeuf, I, VII. — Avait le projet de publier sa correspondance, VIII.

BAUDESSON DE VILLESAVOYE, trésorier de France à Soissons, né à Auxerre, II, 404.

BAUGÉ, auteur des mémoires historiques de la province de Champagne, I, 253, note 1.

BAYEUX. — Lebeuf montre aux chanoines les murs romains de cette ville, II, 527.

BEAUMONT OU SAINT-THIBAUD, prieuré dépendant de l'abbaye de Saint-Germain, I, 184.

BEAUVAIS, curé de Druyes, II, 248.

Belca. — Est-ce Montbouy? II, 297.

BELLARY (chartreuse de), I, 58.

BELLEY (l'abbé). — Annonce qu'il veut donner des dissertations sur l'Itinéraire d'Antonin, II, 402. — Est élu membre de l'Académie des Inscriptions, 478.

BÉNÉDICTINS. — Auteurs d'un projet d'histoire de Champagne, II. 533. — Fenel n'en a pas grande opinion, *Ibid.*

BENOIT (M.), juge au tribunal de la Seine. — Communique des lettres de Lebeuf aux éditeurs, I, 425, II, 381.

BERINGHEM (l'abbé de), numismatiste, I, 385.

BÉRNELINUS ET BERNUINUS, artistes du x° siècle, à Sens, II, 132.

BERNEREDUS, évêque de Sens, au VIII° siècle, II, 73. — Qualifié abbé d'Esternach, II, 134, 137.

BERNOUILLI (MM.), membres de l'Académie des Sciences. — Anecdote sur eux, II, 411.

BERTRAND (Prudence), moine de Charroux, auteur d'un poème sur la musique, II, 24.

BERTRAND DE TREILLES, jacobin, I, 103.

BÉRY (le P.), bénédictin, né à Auxerre, I, 291.

BESNAUT, curé de l'église Saint-Maurice de Sens, auteur d'hymnes, I, 102.

BESSY, prieuré du chapitre de Vézelay, I, 183.

Bèze (Nicole de), chanoine de Sens, II, 283.

Besze. — Fief de la paroisse de Crain, II, 295.

Beuvron (dom de), religieux de la Charité, I, 119.

Bibliothèques de Paris. — Leur situation en 1728, II, 50.

Bibliothèque publique de la ville de Saint-Quentin, II, 515.

Bibliothèque du doyen Fenel. — La plus belle de Sens, et riche en manuscrits, I, 38. — Son catalogue de manuscrits, dans le *Cabinet historique*, t. V., ibid., note 3. — Léguée au chapitre de Sens, 433.

Bibliothèques : — de de Thou ; manuscrits classés par Baluze, 1, 236 ; — de M. Lancelot ; elle était remplie de curiosités sur l'histoire de France, II, 317.

Bibliothèque des Auteurs de Bourgogne, de l'abbé Papillon, II, 365.

Bière (Forêt de), II, 250.

Billard. — Famille d'Auxerre, II, 56.

Billatte, chanoine de l'hôtel-Dieu de Provins, janséniste. — Propose à Lebeuf de distribuer des exemplaires de l'*Epitre dédicatoire du roi*, II, 215, et note 1.

Billets de Laws (Les). — Ont causé bien des pertes à M. de la Chauvinière ; sa femme en est tombée malade, I, 310.

Blanche de Castille. — Un chambellan de cette princesse a des vignes entre Vaux et Escolives (Yonne), I, 380.

Blénon, chanoine de Sens, I, 24.

Blondel, auteur de la *Vie des Saints*, I, 350.

Bocquillot, chanoine d'Avallon, savant liturgiste. — Se servait du breviaire dé Sens de 1702, I, 34.

Boivin, de la Bibliothèque royale, veut faire travailler Lebeuf sur quelques manuscrits, II, 235.

Bollandistes de Bruxelles. — Communiquent à M. l'abbé Duru les lettres qu'ils possèdent de l'abbé Lebeuf, I, 225, en note 1. — Lettre du P. du Sollier à Lebeuf, contenant des remerciements pour son concours, 233, note 23. — Observations sur la réimpression de leur ouvrage en France avec les saints de France seulement, II, 279. — Sur le mode de publication, 294. — Communiquent à Lebeuf le *synapsis* d'un volume de leur grand ouvrage, 572.

Boucher (Pierre), correspondant de Lebeuf. — L'invite à venir à Vendôme, II, 203.

Bouchu (l'intendant). — Chargé par Colbert de la recherche des faux
nobles en Bourgogne, I, 414, note 33.

Bouhier (Jean), président au parlement de Dijon, membre de l'Académie,
I, 341, note 4. — Sa correspondance avec Lebeuf, II, xxiii.

Bouhier (L'abbé), évêque de Dijon, II, 114.

Bourges. — Lettre circulaire de l'archevêque à ses curés, II, 356.

Bourgachard (chanoines de), I, 76.

Bourgogne (la). — Donnée par le roi Jean à Philippe-le-Hardi à titre d'apa-
nage, II, 478.

Bouthillier de Chavigny, archevêque de Sens. — Regardait les Appelans
comme des personnes outrées ; ce qui l'empêcha d'attirer l'abbé Lebeuf
à Sens, I, 146. — Éprouve un grave accident à Reims en 1722, 328. —
Lebeuf lui écrit au sujet des difficultés que Jannot, imprimeur, fait de
modifier quelques passages du bréviaire de Sens, pour l'adapter à l'usage
d'Auxerre, 368.

Boutissaint, prieuré de l'ordre de Saint-Augustin, I, 183.

Boyer (Jacques), bénédictin, I, 112. — Entretient Lebeuf d'un évêque d'Auxerre, appelé Aymon, 150.

Bracelets en cuivre, servant d'ornements à des corps trouvés à Bray,
II, 549.

Branches. — Notice historique sur ce lieu, envoyée par Lebeuf à Fenel,
I, 62.

Bray. — Est une ville très-nouvelle selon Fenel, II, 274. — Selon Lebeuf,
son nom est celtique, 278. — On y trouve 250 squelettes, ornés de bracelets (1751), 549, 553. — Relation de cette trouvaille adressée à Lebeuf
par le curé de Donnemarie, 567.

Brefs d'Auxerre. — Celui de 1719, composé par Lebeuf et envoyé à M. de
la Chauvinière, I, 178. — Lebeuf y travaille, 199. — Observations sur
celui de 1721 par Lebeuf, 219.

Brelon. — Climat d'Auxerre, où étaient les fourches patibulaires, II, 116.

Bréviaire du diocèse de .... — Envoyé par l'évêque à Lebeuf. —
Remerciements de ce dernier et compliments sur la perfection de l'ouvrage, II, 542.

Bréviaire provincial. — Lebeuf doute qu'on puisse en faire un, I, 69.

Bréviaire d'Autun. — Critiques de ce livre par Lebeuf, II, 75, 95, 96.

Bréviaire d'Auxerre. — Envoyé par M. de Caylus au cardinal Passionei,
II, 541.

Bréviaire de Langres. — Critique qu'en fait Lebeuf, II, 114, 118. — Le chant de celui de 1731 est composé par Lebeuf et par un ecclésiastique de cette ville, 150. (V. Camus).

Bréviaire de Lisieux. — Le chant en a été composé par Lebeuf, I, 25.

Bréviaire de Nevers. — Lebrun des Marettes y travaille en 1725, I, 417.

Bréviaire de Paris de 1680. — Critiqué par les *Sulpiciens*, I, 350, note 12.

Bréviaire de Sens de 1702. — Historique de sa composition, I, 23, 54. — Est presqu'épuisé, 97. — On travaille à sa réforme en 1719, 198. — Lebeuf négocie pour en faire acheter des exemplaires par le Chapitre d'Auxerre, 365, 368. — Histoire du tirage de ce livre pour l'adapter au diocèse d'Auxerre, II, 8. — Éloge de ce bréviaire, 12. — Observations de Lebeuf sur l'exécution du chant, 17.

Bréviaire de Troyes. — Le doyen Fenel le critique sévèrement, I, 145.

Briasson, imprimeur à Paris, II, 357.

Brienon. — Découverte de médailles romaines en 1729, II, 66.

Brives (notice sur Saint-Martin de), II, 147.

Bureteau (Célestin], auteur d'une *Histoire manuscrite des Archevéques de Sens*, I, 74, 129.

C

Calabre, poète Sénonais du xvie siècle, II, 251.

Calendrier des Saints romains, II, 79.

Calosenagus, lieu ancien qui fut appelé depuis Saint-Cydroine, I, 90.

Cambray. — Lebeuf y a vu beaucoup de manuscrits et d'antiquités, II, 5.6.

Camus, prêtre de Langres, « connaisseur en chant, » II, 152. — Chanoine de la Sainte-Chapelle de Dijon, musicien, 300.

Canapum, lieu voisin de Châteaulandon, II, 297.

Capperon, auteur de mémoires sur les pétrifications, etc., II, 126, 130.

Capperon (Sœur), qui passe pour bienheureuse (?), I, 169.

Cappfronnier (L'abbé). — Est sur les rangs pour entrer à l'Académie, II, 469.

Capitain, fondeur de cloches à Sens, II, 136.

Cabinet de Lebeuf a Auxerre. — Nombreux documents qu'il renfermait sur les églises de cette ville et sur les saints locaux, II, 341. — Détails sur l'état de ces papiers, 345. — Il y a des papiers des collégiales de Gien, Cosne, etc. — Des abbayes de Reigny, Crisenon, etc., 546, 347.

Capucin. — Réponse d'un Père à propos des comédiens, II, 401.

Caraciacum, lieu placé à Charcey (Meuse), II, 451.

Carcer Cæsaris. — Inscription à Sens, II, 169. — Due à un magistrat des derniers siècles, 177.

Carole. — Voyez Cazzole, II, 303.

Carrioles. — Voitures usitées de Sens à Auxerrre au xviiie siècle, II, 338, 339.

Carrouge (Edme Simon), curé de Saint-Pierre en Château à Auxerre, I, 61.

Carte des environs de Paris. — Lebeuf en a huit exemplaires différents dans son cabinet, II, 302.

Carte du diocèse de Sens, iI, 270. — Observations sur les Malay, etc., ibid.

Cartulaire du Chapitre d'Auxerre, II, 330.

Cas de Conscience. — Opuscule dû à Lebeuf au sujet de la récitation d'un office particulier, I, 348, 353.

Catalogue des Manuscrits, etc, du P. Montfaucon, II, 241.

Catalogue des Manuscrits de la Bibliothèque du roi, insuffisant, II, 361. — Lebeuf regrette qu'il ne soit pas publié au lieu de celui des imprimés, 416. — Il publia en 1725 un mémoire sur la nécessité de le rédiger, 501. — Il exhorte tous les dépositaires de manuscrits à en publier le catalogue, 502.

Cathédrale d'Auxerre. — Vitrail de la chapelle Saint-Thomas, réprésentant le chanoine Victor Camus, I, 411.

Cathédrale de Sens. — Description d'un office liturgique, en 1715, I, 36. — Lettres du roi Charles VIII, permettant de lever un droit par minot de sel pour sa réfection, 253, 334. — Construction du grand autel en 1742, 374. — Date de l'époque de sa construction au premier tiers du xiie siècle, II, 496. — Lebeuf est de cet avis, 499. — La dédicace jadis en octobre, au temps de Fenel en juillet, 497. — L'église est, selon Lebeuf, de la fin du xie siècle, au plus tôt, 530. — Tombeaux trouvés dans le chœur, 567.

Catherinot (Nicolas), historien du Berry, I, 311.

CAYLUS (De), évêque d'Auxerre. — Lebeuf annonce qu'il veut renouveler les rites de son diocèse, I, 52. — Accepte d'abord la Bulle *Unigenitus*, 93, note 13. — Est un des appelants en 1717, 106. — Est très porté pour les nouveaux offices liturgiques, 122. — Ses réformes du bréviaire d'Auxerre, 123. — Fait peu de cas de l'accommodement, 216. — Son érudition dans l'Ecriture sainte, 386. — Rend visite à l'archevêque de Sens, en 1741, II, 320. — Se plaint de la non résidence de Lebeuf à Auxerre, 375, 379.

CAZZOLE, danse ecclésiastique pratiquée autrefois à Sens, le jour de Pâques, II, 289.

Cella Sancti-Vigilii, prieuré dépendant de l'abbaye de Saint-Riquier, I, 165.

CENTURIATEURS (Les) de Magdebourg font passer saint Germain pour un sorcier, II, 91.

CESTAS, près Bordeaux. — Description d'un prétendu temple de ce lieu, II, 423.

CHAILLY. — Le seigneur avait le droit de siéger au chapitre de la collégiale, II, 155.

Chalo-Mons. — Lieu où s'est livrée une bataille contre les Normands, en 925, II, 154, 159. — Lebeuf le place à Chalaux, 161.

CHALON (Jean de), lieutenant du régent en Champagne. — Emporte de Sens une grande quantité de monnaie noire trouvée dans cette ville, en 1358, II, 383.

CHAMBREFONTAINE, abbaye de Prémontré, II, 309.

CHAMILLARD aîné (Le P.), jésuite. — Lebeuf le prie de revoir la copie de l'inscription romaine d'Auxerre qu'il lui a envoyée et qu'il décrit : (DEÆ ICAUNI), I, 292.

CHAMPEAUX, collégiale du diocèse de Paris, II, 122.

CHAMPLAY (Jean de), chanoine de Sens et d'Auxerre, en 1276, puis évêque du Mans, I, 286.

CHANOINES D'AUXERRE. — Le doyen Fenel se plaint de leur peu de politesse, à l'égard de Lebeuf, I, 351.

CHANOINE régulier de la congrégation de Bourgachard, qui a voyagé en Europe, I, 356.

CHANT. — Cultivé avec honneur à Sens au moyen âge, II, 143 et suivantes.

CHANTS D'EGLISE. — Origine et caractères des divers morceaux empruntés des anciens, II, 444.

CHANT DE SENS (remarques sur le), I, 33.

CHANT DU NOUVEAU BRÉVIAIRE DE PARIS. — Lebeuf y contribue, I, 174.

CHANTEPRIME (Jean), maître des comptes. — Fait faire une rue à Sens en 1405, II, 395.

Chanteor de Sens. — Lettre de Lebeuf sur ce proverbe, II, 138.

CHAPITRE D'AUXERRE. — A empêché Lebeuf d'exercer sa fonction de sous-chantre, II, 380.

CHAPITRE DE SENS. — Sa confraternité avec celui de Bourges, I, 78. — Choisit Lebeuf pour l'un des commissaires du futur bréviaire, 103. — N'est pas amateur de lettres et de sciences, 287.

CHAPOTIN, chanoine d'Auxerre. — Sa piété, II, 538.

CHARLES-LE-CHAUVE. — Fit couvrir le corps de saint Germain de tissus ouvrés, II, 551.

CHARLEVOIX (le P.). — Lebeuf le rencontra à Noyon, en 1745, II, 512.

CHARMASSE (M. de). — Editeur de lettres de Lebeuf à Dom Germain, II, 86.

CHARTE présumée fausse par Lebeuf, qui en envoie la copie à D. Martène, II, 576.

CHARTRES. — Lebeuf en visite la cathédrale, II, 252.— Le chapitre possède bien 300 manuscrits, 253. — Il y a dans cette ville un aqueduc romain, ibid.

CHASSES de l'église Saint-Germain d'Auxerre, restituées par les Anglais en 1365, II, 537.

CHASTELAIN, chanoine de Notre-Dame de Paris, 1, 1. — Auteur ; son *Martyrologe universel*, 5. — Notice sur ce savant hagiographe, xxv. — Ses recueils sur les huit derniers mois de l'année ont été volés chez lui, 148. — Mot dit sur lui, II, 290.

CHASTELLUX (Le comte Guillaume-Antoine), amateur de recherches histori-ques, II, 237.

CHATEL-CENSOIR, terre qui a appartenu aux évêques d'Auxerre, II, 294.

CHEMIN PERRÉ, nom donné à la voie de Sens à Meaux, II, 117. — Le pont sur la Saine était autrefois à Jaulne, 274, 278.

CHEMINS ROMAINS DES ENVIRONS DE SENS. — Fenel jeune projette de les visiter, afin de constater l'emplacement du pont sur l'Yonne et de l'*Agen-dicum* romain, II, 275. — Lebeuf sollicite Fenel à les visiter, 314. — Fenel presse Lebeuf de venir les examiner et l'invite à descendre chez lui à Sens, II, 427. — Discussions des opinions de d'Anville sur leurs tracés, ibid., 427-28.

CHEMIN ROMAIN entre Courtenay et Triguière, II, 286.

Chéret (L'abbé), chanoine de Chartres, II, 104.

Cherté du pain en 1740. — Arrêt de règlement, II, 280.

Chesneau, curé de Saint-Hilaire de Sens, II, 30.

Chevalier. — Famille auxerroise, I, 407.

Chiffres prétendus arabes ou indiens (Les) sont, selon Fenel, grecs d'origine, II, 312.

Chirurgie (Histoire de la). — Lebeuf s'en occupe et recherche ce qui peut prouver que les anciens médecins opéraient des mains, II, 490.

Chirurgiens. — Lebeuf prend parti pour eux, II, 499.

Chomel, prieur de Saint-Paul de Sens, chargé de la correction du chant du graduel du diocèse; homme bon à rien, II, 484.

Cimetière d'Auxerre (Galerie du grand), II, 62.

Cipierre, fief à Serbonnes, II, 421.

Cités romaines. — Leur forme était ordinairement carrée, II, 202. — Cités romaines chrétiennes, carrées, 363.

Clanum, entre Agendicum et Troyes, II, 250. — Lebeuf demande où il faut le placer, 270. — Son emplacement, ibid., note 2.

Claude d'Auxerre, écrivain prétendu Auxerrois, I, 244.

Clarius. — Sa chronique dans les manuscrits de la Bibliothèque du roi, II, 527. — La copie qui en a été imprimée dans le Spicilége est un amas mal ordonné, 531.

Clavel, chanoine de la congrégation de Bourgachard, grand voyageur en Europe, I, 352, 355, 407.

Clouet (Fr.), prieur de Saint-Pierre d'Auxerre, I, 200.

Coche d'Eau d'Auxerre à Sens, I, 99. — Part une fois par semaine de Sens pour Paris, 546.

Coche d'Eau. — Voiture usitée au xviiie siècle pour aller d'Auxerre à Paris, II, 338. — Son itinéraire en 1743, 435.

Cocheris (M.). — Publie une nouvelle édition de l'Histoire du diocèse de Paris, de Lebeuf, I, v. — Bibliothécaire à la Mazarine, II, 305.

Cochon, famille d'Auxerre, II, 56, 57.

Cochons de Norges (Les). — Examen d'une charte du duc Jean de Bourgogne au sujet d'une fondation faite à l'église Saint-Antoine de Norges en 1404, II, 540.

Cocquerel, auteur d'une pièce de vers sur le mariage de Louis XIII, I, 273.

Coictier (Jacques), premier médecin de Louis XI, II, 307.

COIFFREL (Le P.), desservant de Saint-Médard. — Sa mort en 1740, II, 273.

COIGNARD, imprimeur à Paris. — Lebeuf le qualifie *l'imprimeur à carosse*, II, 438.

COLLECTION DE FONTAINE, principal Recueil des lettres de l'abbé Lebeuf, I, VIII.

COLLÉGIALE D'AVALLON. — Ses manuscrits ont été vendus au XVII° siècle, II, 269.

COLIN (Jacques), poète Auxerrois, secrétaire de François Iᵉʳ, II, 394.

COLLIN (L'abbé), auteur de la *Vie de Marie Lumague, institutrice des filles de la Providence*, II, 457.

COMTÉ DE SENS, autrefois bien plus grand que le pays Sénonais, II, 488, 491.

CONCOURS DE L'ACADÉMIE DE SOISSONS. — Lebeuf ne comprend pas que Fenel y ait échoué en 1744, II, 481.

CONFRÉRIE DES *Sept Allégresses*, II, 152.

CONSTITUTION *Unigenitus*. — L'Allemagne, à l'exception de la Bavière, y est opposée, I, 357.

CONTI (L'abbé). — Il pense que le suaire dit de Saint-Germain n'est pas du temps de l'impératrice Placidie, II, 554.

Cora. — Réponse de Lebeuf à d'Anville sur ce lieu, II, 370.

CORBIGNY, abbaye de Bénédictins de Saint-Léonard, II, 44.

CORDIER (Dom), prieur de Corbie, appelant, I, 111.

CORRESPONDANCE DE L'ABBÉ LEBEUF. — Diverses sources où les éditeurs ont puisé, I, VII, X.

CORNES A LA TÊTE. — On a trouvé à Auxerre des têtes humaines ayant des cornes longues de la moitié du petit doigt, I, 332.

COSNE, abbaye Saint-Laurent ou Longratz, I, 215.

COTEAUX des environs de Dijon, qui font le meilleur vin, II, 112.

COTIGNON (Michel), chanoine de Nevers, auteur d'un *Catalogue historial* des évêques de Nevers, I, 157.

COUPLET, ingénieur et académicien. — Ses travaux pour amener de l'eau à Coulanges-les-Vineuses, II, 352.

COUSINS DE VILLEMANOCHE (Les). — Nom donné par dérision dans les guerres de religion, II, 252.

COUTANCE. — La cathédrale date du temps de Louis-le-Jeune et de Philippe-Auguste, II, 530. — Lebeuf le prouve aux chanoines de ce lieu, qui sont restés courts, *ibid.*

Crain. — Trois sépulcres des saints Langueur, Cande et Ursicin, I, 11.

Concours de l'Académie des Inscriptions en 1742, M. Pelloutier, lauréat, II, 366.

Cri de la foi, titre d'un ouvrage janséniste où Lebeuf réunit toutes les preuves qu'il put trouver en faveur de ce qu'il appelait la *Tradition de l'église d'Auxerre*, I, LIII; ibid., 83. — Lettres qui y sont publiées ayant paru précédemment, 95.

Criminel comdamné a mort, délivré à Vendôme dans une cérémonie religieuse, II, 204.

Croix (La vraie), portée en procession autour de la paroisse Sainte-Croix à Sens, le jour de l'Exaltation de la Sainte-Croix, I, 264.

Cryptes de la cathédrale d'Auxerre du XIe siècle. — Modèle de l'appareil, II, 500 — Même aspect dans la crypte de la cathédrale de Nevers, ibid., note 3.

Cudot. — Notice de Lebeuf dans le *Dictionnaire de Lamartinière*, II, 294.

Cupidiniacum, lieu situé en Champagne dans le canton de Sézanne, II, 395.

Curé de Saint-Pélerin d'Auxerre. — Sa paroisse est fort pauvre, I, 100.

D

Daneau (Lambert), né à Gien, auteur de nombreux ouvrages, I, 331.

Danville (Bourguignon) (*sic*), savant géographe. — Son portrait par Lebeuf, II, XXX. — Traité de faquin par Fenel, à propos de ses opinions géographiques et de son attaque contre Lebeuf sur *Genabum*, 322. — Lebeuf s'exprime avec réserve sur Danville, mais le dit fils d'un tailleur, 326. — Il excite Fenel « à le rabrouer », 327. — Note sur le livre de ce savant, contenant la critique de l'opinion de Lebeuf sur *Genabum*, 355. — Lebeuf rappelle à Fenel qu'il a promis d'écrire contre lui, 362. — Fenel s'en excuse, 365. — Danville fait à tort passer la voie d'Agrippa par Irancy, 383. — Danville, auteur de la *Carte orbiculaire des environs de Paris*, 457. — Lebeuf n'a nulle dévotion aux lumières de son cabinet, 505.

Daubenton (Le P.), confesseur du roi d'Espagne, grand-oncle de l'abbé Lebeuf, II, 247.

Daubuz (Les), famille Auxerroise qui a produit des ministres protestants, I, 307, 348. — Lebeuf demande à un Daubuz, prêtre anglican, des renseignements sur son grand-oncle Charles, 357.

DAVION (Julien), sous-chantre d'Auxerre, I, 307.

Decentius. — Observations sur sa mort prétendue à Sens, II, 202. — On ignore le lieu de sa mort, 205.

De fructu d'Auvergne. — Cérémonie ecclésiastique à Noël, II, 156.

DENIS, Auxerrois, secrétaire du cardinal Bellarmin, I, 349.

D'EPRINGLES (Dom), sacristain de Saint-Martin-des-Champs. — A envoyé à Lebeuf le Missel de Cluny de 1718, qui est rempli de défauts, I, 168.

DESCHAMPS, employé dans les fermes du roi à Auxerre, parent de Lebeuf, II, 244, 260.

DESFONTAINES (L'abbé). — Sa mauvaise réputation, II, 182. — Ses feuilles arrêtées par ordre du Conseil, 420. — Mauvais bruits qui courent sur lui, 422.

DESFOSSÉS (M.), prédicateur Sénonais, affiché pour le sermon de Saint-Fiacre, à Paris, II, 272.

DESJOURS, curé de Dontilly. — A fourni des matériaux pour la composition du chant Sénonais au xviii⁰ siècle, I, 339.

DETTEY (L'abbé), archidiacre de Puysaie, II, 107.

Diablintes, peuple du Maine, II, 240. — La capitale soi-disant à Jublent, 367.

DICTIONNAIRE BAS-BRETON du P. Pelletier, plein de fautes suivant Fenel, II, 568.

DICTIONNAIRE CARAÏBE, imprimé à Auxerre, II, 169.

DICTIONNAIRE DE LA MARTINIÈRE. — Lebeuf y travaille, II, 266, 279.

DIERRY, fondateur de l'abbaye Saint-Vincent. — On y garde sa chasuble, I, 5.

DINTEVILLE (De), évêque d'Auxerre. — Fit peindre, vers l'an 1520, les images de ses saints prédécesseurs, dans une chapelle de la cathédrale, I, 129.

DIOCÈSE DE PARIS. — Lebeuf en entreprend la description historique « pour s'amuser, » II, 252.

Discantus, espèce de chant usité au moyen âge, II, 141.

DISSERTATIONS SOISSONNAISES DE LEBEUF. — Sa réponse aux remarques de Fenel, II, 194.

DISSERTATIONS ACADÉMIQUES (Les) sont des loteries, II, 463.

DISSON (Michel), ligueur Auxerrois, tué par les royalistes, I, 393.

DIVOLÉ (le P.), jacobin, I, 88. — Auteur de sermons sur la messe, II, 578. — Une demoiselle de ce nom, originaire d'Auxerre, petite-nièce du P. Divolé, 331.

DOLÉ (Dom), religieux clunisien, auteur d'une histoire du Nivernais restée

manuscrite, I, 156. — Lebeuf lui offre des renseignements pour ce travail, ibid. — Le prie de lui renvoyer un manuscrit de D. Viole, 188.

Domine salvum fac Regem, proscrit comme une nouveauté dans la liturgie, par La Chauvinière, I, 201.

Douai. — L'église paraît du xii° siècle et a été ruinée, II, 517.

Douai. — Le Chapitre de cette ville croit que le saint Amé de cette église a été évêque de Sens, II, 573. — Lebeuf veut en vain ôter cette opinion de l'esprit du chanoine qui lui montre les reliques, ibid.

Dreux. — Ce lieu n'a eu avec le druidisme qu'un léger rapport de nom, II, 431.

Driot, chanoine de Sens, auteur d'ouvrages sur le Sénonais, I, 240.

Dromvent (Saône-et-Loire,) II, 106.

Druides (Note sur les), II, 191.

Dubos. — Lebeuf critique son *Histoire de l'établissement de la Monarchie françoise*, II, 159, 167, 176. — Qualifié d'ennuyeux par l'abbé Desfontaines, 480.

Du Cameru (Dom), religieux de Saint-Martin-des Champs. — Travaille au missel de Cluny en 1719, I, 186.

Du Cerceau (Le P.). — Lebeuf demande son opinion sur la capacité des chantres gagés des Chapitres en général, II, 65.

Duchesne, curé de La Charité, écrivain, I, 214.

Duclos promet de s'entremettre pour faire obtenir à Fenel la seconde place qui vaquera à l'Académie, II, 469.

Ducrot (Lazare), auteur Auxerrois, I, 345.

Dumolinet (Claude), chanoine de Sainte-Geneviève, numismatiste, I, 314.

Dunot, avocat à Besançon. — Lebeuf lui envoie sa dissertation sur le Soissonnais, II, 184.

Dunum, mot gaulois qui signifie éminence ou montagne, II, 185.

Dupin (Martin), doyen de la collégiale d'Avallon, auteur de *Mémoires sur la ville d'Autun*, manuscrits, II, 268.

Du Plessis (Jean), préchantre du Chapitre de Sens, II, 271.

Duplessis (Dom). — Critique l'opinion de Lebeuf sur le mot *Dunum*, II, 185, note 3. — Auteur d'une description du pays de Caux, 295.

Du Sollier (Le P.). — Écrit à Lebeuf comme à l'homme le plus savant du monde, I, 257. — Lebeuf lui adresse des notes sur divers saints, 295 à 298.

Duval, illustre Auxerrois qui possédait des antiquités sur son pays, I, 293.
— Interprète des langues orientales, médaille sur lui dans le *Mercure* de
1742, II, 373.

E

Ecclésiastique qui voudrait se retirer en province et se mettre en pension
à 100 écus seulement, II, 518.

Echard (Le P.), dominicain, I, 86, 87.

Ecrivains Auxerrois (Notices sur des) par Lebeuf au P. Prévost, I, 312 et
suiv.

Eglise Cathédrale (L') doit être la dépositaire et la conservatrice de l'antiquité, II, 146.

Elections a l'Académie des Inscriptions. — Mode de votation, II, 467.

Election de Fenel a l'Académie des Inscriptions. — Démarches de Lebeuf
à cet effet, II, 479.

Elpon, chef de Saxons, tué en 959 à Villiers-Louis, II, 493.

Erdona, lieu détruit près de Saint-Clément (Yonne), II, 127.

Etampes. — Description des églises de cette ville; cryptes de celle de
Notre-Dame, II, 505.

Ethicus, géographe du ive siècle, auteur d'un *Itinéraire de l'Empire romain,*
II, 117.

Etienne de Bray, chanoine de Sens, II, 283.

Etienne de Vernaise, jacobin d'Auxerre, écrivain, I, 87.

Eugraphius. — Explication de ce mot, II, 199.

Eutrope parle d'un empereur tué à Sens, II, 293.

Evangile éternel. — Notes sur ce livre, II, 163, 305.

Evêché de Dijon. — Lebeuf souhaite qu'on en fasse la description topo-
graphique, II, 118.

Evêque d'Aleth (L'). — Lebeuf sollicite Fenel de faire une notice sur ce
prélat, II, 29.

Evêques de Sens du ixe siècle. — Lebeuf est embarrassé sur les dates aux-
quelles ils ont siégé, II, 133.

F

Falconet, ami de Fenel et de Lebeuf, II, 547.

Familles Auxerroises. — Lebeuf envoie au P. Prévost des renseignements
sur un grand nombre, I, 393 et suiv., 404 à 415.

FAMILLE DE LEBEUF. — Lettre de Fenel sur la situation malheureuse des membres qui la composent, II, 375.

FAREMOUTIER. — Les religieuses reçoivent Lebeuf, I, 2.

FARINADE, avocat du roi à Sens en 1719, homme d'esprit, II, 571.

FAUX-BOURDON rétabli dans la cathédrale de Sens en 1738, II, 236.

FENEL (Charles-Henri), doyen de l'église de Sens. — Notice sur lui, I, XII. — Grand ami de Chastelain, 25. — Fait des compliments à Lebeuf, 32. — Ses explications sur la composition du calendrier du missel de Sens, 31. — Félicite Lebeuf de ses nombreux travaux liturgiques, 34. — Lui demande des avis sur la composition du chant du missel et du bréviaire de Sens, 73. — Regrette l'ardeur excessive de Lebeuf dans les luttes jansénistes, 146. — Détails sur sa santé en 1718, 156. — Il est gravement malade, 263. — Sa position de fortune lui permet de faire tous les ans un voyage à Paris, etc., 267. — Son opinion modeste sur l'histoire des archevêques de Sens qu'il a composée, I, 318, note 3. — Atteint de paralysie à la main, I, 386. — A cinquante ans n'était pas venu de Sens à Auxerre, II, XX. — Condoléances de Lebeuf sur sa mort en 1727, II, 25.

FÉNEL (L'abbé Pascal). — La première lettre à lui adressée par Lebeuf date du 9 septembre 1725, I, 419. — Relation de son voyage à Auxerre. II, XX. — Son portrait, XXVI. — Son amitié pour Lebeuf, XXVIII. — Fénel (Pascal) élevé chez l'abbé Chastelain, II, 175. — Propose un moyen de mesurer les progrès faits par le genre humain depuis 1600 ans, II, 220. — Adresse à Lebeuf une dissertation sur la marche de Labiénus autour de Paris, II, 238. — Sa dissertation sur la pourpre, Coll. Fontaine, II, 264. — Adresse ses félicitations à Lebeuf sur son succès à l'Académie en 1740, II, 283. — Son opinion sur la liberté de discussion des sentiments des plus grands hommes, II, 287. — Concours à l'Académie des Inscriptions en 1741, II, 291. — Sa haute opinion du caractère de Lebeuf, II, 301. — Sort de sa pièce au concours académique de 1741, II, 302. — Esprit singulier et original, II, 304. — Sa dissertation sur Janus ne pourra être lue à l'Académie que quand il sera à Paris, II, 315. — A concouru pour le prix de l'Académie des Sciences en 1741, II, 318. — Annonce à Lebeuf qu'il ira à Auxerre, mais qu'il ne verra pas l'évêque, II, 336. — Relation de son voyage à Auxerre, pour chercher les papiers de Lebeuf, et des accidents et désagréments qu'il a éprouvés, II, 348. — Son zèle pour Lebeuf auprès de l'archevêque de Sens, II, 375. — Travaille pour le concours de l'Académie de Soissons en 1743, II, 392. — Envoie une dissertation au concours de Soissons en 1743, II, 398. — Obtient le prix de l'Académie des Inscriptions au concours de 1743; félicitations de Lebeuf, II, 403. — Se propose de passer quelque temps à Paris pour

travailler à l'histoire de Sens, 408. — L'archevêque le stimule à terminer cet ouvrage ; mais il ne veut rien publier d'imparfait, 409. — Travaille à un mémoire sur les *Sacerdoces héréditaires des anciens Grecs*, II, 419. — Ses premières ouvertures à Lebeuf sur son espoir d'arriver à l'Académie, II, 433. — Envoie son *Mémoire sur les Sacerdoces* à Fréret ; il est tombé malade d'excès de travail, 439. — N'est pas bien vu dans les deux monastères bénédictins de Sens, II, 445. — Auteur d'une dissertation sur la *Conquête de la Bourgogne par les fils de Clovis I*or, etc., II, 458, note 5. — Lebeuf l'avertit que deux places vont vaquer à l'Académie, et qu'il s'arrange pour résider à Paris, II, 459. — Détails sur l'intérieur de l'Académie, 460. — On lui promet la place de conseiller à la chambre des décimes du diocèse de Sens, II, 466. — Celle d'agent du Chapitre de Sens, ibid. — Déclare que c'est par suite d'injustice qu'il a perdu le prix à l'Académie des Inscriptions, II, 470. — Nommé membre de l'Académie des Inscriptions en 1744, annonce à Lebeuf son arrivée à Paris, II, 503, note 1 ; ibid., 510. — Nommé prieur d'Andrezy, II, 539. — Prodigue des marques d'affection à Lebeuf, II, 547. — Souvent malade, II, 550. — Sa mauvaise santé l'a empêché de partir pour Paris en 1752, II, 569.

Fenel de Beaumont, frère du doyen Fenel, II, 25, note 2.

Fenel de Luysant, avocat à Paris, II, 184.

Ferrand, prieur de Dollot, prend part à la réfection des livres liturgiques du diocèse de Sens, I, 19. — Lebeuf fait sa connaissance, 70. — A composé les offices de saint Martin et de saint Germain, 108. — L'archevêque de Sens lui confère le canonicat de la Théologale, en 1719, 191. — Son portrait, 270.

Fête des Fous (Office de la). — Manuscrit à Sens, I, 266, note 10. — Ordonnance du cardinal de Tusculum contre cette fête, 328.

Fête de l'Ane à Sens, I, 421 (Voyez Fête des Fous).

Filsjehan (MM.), seigneurs de Presle au XVIIe siècle, sourds-muets, II, 521.

Fines. Observations de Lebeuf sur ces lieux, II, 279.

Fleury (Le cardinal). — Est assez bien disposé pour Lebeuf, II, 266.

Flodoard de Bouchenu, évêque de Vence. — Sa mort, II, 450.

Folies en Picardie. — On y a trouvé des souterrains taillés dans la craie, II, 304.

Fontaine (M. de), possesseur de la correspondance des deux Fenel avec Lebeuf, I, 1,

Fonte des Cloches (Observations sur la), II, 135.

FONTENAY, prieuré de l'ordre de Grandmont, sur Corvol, I, 183.

FONTENOY (Yonne). — Théâtre de la bataille livrée par Charles-le-Chauve en 841, I, 13.

FORÊT DE SAINT-ETIENNE, partie de la forêt d'Othe, II, 127.

FORTIN DE LA HOGUETTE, archevêque de Sens. — Sa mort en 1715 et sa sépulture, I, 40.

FOSSARD avait autrefois un petit castel carré, II, 431.

FOSSILES, appelés par Lebeuf « figures lapidaires. » — Il en signale à l'abbé Fenel sur le territoire d'Armeau et de Palteau (Yonne), I, 420. — Dans l'Auxerrois Lebeuf en indique à Fenel, II, 101.

FOUCHER (Jean) d'Auxerre, avocat au XVIᵉ siècle, auteur d'un livre de jurisprudence, II, 419.

FOUCHER, chanoine d'Auxerre. — A beaucoup contribué à la perfection du nouveau bréviaire de ce diocèse, II, 26.

FOUDRIAT, famille originaire de Coulanges-les-Vineuses, I, 311.

FOURRURES AU CAMAIL des chanoines d'Auxerre. — Mémoire à ce sujet, I, 91.

FRANCOVEUS (S.). — Saint qu'on croit Sénonais, enterré à Saint-Symphorien d'Autun, II, 72; ibid., 74.

FRAPPIER, famille originaire de Donzy, I, 399, note 24.

FRÈRE (M.), assistant du séminaire d'Auxerre, I, 99.

FRÈRET, académicien, personnage souvent scabreux, II, 407. — Sa demeure à Paris, 480. — Son humeur ne plaît pas beaucoup à ses confrères, 489. — Est appelé le grand Saturne, avec ses satellites, 532.

FRÉRON (L'abbé) passe pour une bonne plume, II, 423.

G

GABRIEL GOUFFIER, chanoine de Sens en 1502, I, 75. — A fait faire les vitraux du transept nord de la cathédrale, ibid.

GALATES. — Fenel prépare un Mémoire sur les Galates pour l'Académie, en 1741, II, 323.

Gallia christiana. — Un chanoine d'Auxerre, Noël Damy, en a conçu le premier le projet dès l'an 1630, I, 290. — La première édition par Claude Robert, 290, II, 88.

GALLOT OU GALHAUT (L'abbé), chanoine d'Arras, II, 207.

GANNE (Tours de), nom donné à d'anciennes forteresses, II, 568.

GARCHES près Saint-Cloud. — Son église sous le vocable de saint Louis, II, 247.

GARNIER, comte de Sens, enterré dans un des tombeaux de Quarré, II, 161, 167.

GÉANT. — On trouva à Montjion, selon Raoul de Presle, le corps d'un géant, II, 310.

Genabum. — Lebeuf place cette ville à Gien, contre l'opinion de d'Anville, II, XXIX. — A fait changer Fenel d'opinion sur ce lieu, 229. — Le primitif fut détruit par les Romains, et rebâti ensuite au lieu où est Orléans, 294. — Nouvelles observations de Lebeuf à l'appui de son opinion, 295. — Fenel critique vivement l'opinion de d'Anville, qui place ce lieu à Orléans, et promet de le « peloter » dans le Mercure, 322. — Réponse de Lebeuf dans le t. II, des Mémoires sur Auxerre, 362. — L'emplacement de ce lieu sera toujours, selon Lebeuf, difficile à établir, 370. — Nouvelles objections de Lebeuf contre d'Anville, pour le maintien de ce lieu à Gien, 381.

GÉNÉBRIER, antiquaire Lyonnais, I, 354, 355. — Habite l'Angleterre, 356 — Auteur d'un livre sur Carausius et devenu fou, II, 400.

GEOFFROY, abbé de Savigny au diocèse d'Avranches, I, 297.

GÉOGRAPHIE DE LA GAULE, objet des études de Lebeuf et de Fenel, II, XXIX.

GENEVAUX, prêtre à Saint-Etienne-du-Mont à Paris, remercie Lebeuf de la composition d'un chant liturgique, I, 104. — Lui envoie l'office de Saint-Charles pour le composer, ibid. — A connu M. Chastelain, 131. — Lebeuf lui envoie, par M. de La Chauvinière, la musique de l'office de Saint-Charles, 131, 132.

GÉRARD DE ROUSSILLON, héros du roman de ce nom, II, 130. — Édition de ce livre, ibid., note 3. — Le Chapitre de Sens en possède un manuscrit, ibid., 133. — M. de Foncemagne désire emprunter le manuscrit de Sens, II, 324. — Ce manuscrit sera complété par les soins de M. de Sainte-Pallaye, 355. — Autre manuscrit copié par Pirot en 1614, 519, 520.

GERMAIN (D.), théologal d'Autun. — Lebeuf entretient des relations de correspondance avec lui, II, XXII, 33. — Prépare un mémoire critique sur le Bréviaire d'Autun et Lebeuf l'y encourage, 47, 79. — L'approuve d'envoyer son travail au cardinal Fleury, 90. — C'est le seul chanoine qui ait du goût à Autun, 170. — Il annonce son Discours préliminaire sur l'Histoire d'Autun, II, 259.

Germain de Charmoy, auteur Auxerrois du xvi⁰ siècle, I, 314.

Gérou (Dom), bénédictin, travaille à l'Histoire du Berry, II, 332. — Billet de ce religieux à propos de Pascal Fenel, 445, note 6. — Lebeuf craint qu'il ne se soit épuisé par ses travaux, 495.

Gesedum ou Josedum. — Opinion de Lebeuf sur ce lieu, II, 249.

Gesvres (Le cardinal de) a légué ses livres à l'abbaye Saint-Germain-des-Prés, II, 525.

Gibert, recteur de l'Université de Paris, exilé à Auxerre pour son jansénisme, II, 327.

Gibert, membre de l'Académie des inscriptions, II. 454. — Lebeuf critique son livre sur l'Histoire des Gaules, etc., 461. — Estimé de certains académiciens parce qu'il a écrit contre Fréret, 489.

Gien (Collégiale de). — Situation du personnel en 1718, I, 150.

Gien. — Selon Lebeuf, il représente l'ancien *Genabum* de César, qui fut brûlé et transporté plus bas à Orléans, II, 282. — Voyez *Genabum.*

Gilon de Paris, Poëte du xii⁰ siècle, né à Toucy, II, 394.

Gilotin, docteur en Sorbonne, fondateur des communautés du collége de Sainte-Barbe, à Paris, I, 316.

Glaber. — C'est lui qui, le premier, a dit que le nom d'Orléans vient de l'empereur Aurélien, II, 368.

Glaçon (Nicolas), saint ecclésiastique qui vivait à Étampes, vers l'an 1600, II, 390.

Glossaire de Ducange. — Lebeuf continue d'y collaborer, I, 402. note 33.

Goby (Joseph), prieur de Saint-Eusèbe d'Auxerre, I, 200, 259.

Gombert, archevêque de Sens au viii⁰ siècle, II, 142.

Gondrin (Mgr de). — Lebeuf trouve savant son *factum* contre son Chapitre au sujet de la juridiction, I, 279.

Gontier, famille Auxerroise, I, 393.

Gottlieb, famille Hollandaise qui portait un ciboire dans ses armes, II, 164.

Gourdan, auteur d'hymnes, I, 58, 66.

Gouverneurs d'Auxerre. — Notice de Lebeuf sur ces officiers, I, 399.

Graduel de Sens. — Lebeuf en a remis tout le chant à l'archevêque, II, 372. — Les changements apportés au chant cause de « tintammarre » dans

le Chapitre en 1744, 483. — Observations de Lebeuf sur la manière de partager les syllabes du chant qu'on veut imprimer, 490, 493.

GRASSET (Fr.), chanoine d'Auxerre, I, 133.

GRASSET (Jean le P.), I, 329.

GRASSINS (Collége des), fondé pour les pauvres de la ville de Sens, I, 355, note 10.

GREZ (Château de), forteresse féodale en ruines, II, 431.

GRIFFET (Le P.), prédicateur rigoriste à Notre-Dame en 1743, II, 402.

GROGNET (Pierre), poète. — Opinion de Lebeuf sur lui, I, 393.

GROTTES D'ARCY. — L'évêque de Caylus les visite, ainsi que Lebeuf, II, 54, — Voyage à faire en deux jours; on y déchire ses habits et on y gâte tout, 341.

GUERCHY (M. de) sert d'intermédiaire entre MMgrs-de Caylus et Languet, II, 320.

GUÉRIN DE TENCIN (L'abbé), archidiacre de Sens, II, 13.

GUERRE CONTRE LA REINE DE HONGRIE. — Affiche de l'ordonnance du roi portant déclaration, II, 481.

GUESNIÉ (Dom). — Lebeuf lui envoie 40 mots pour le Glossaire de Ducange dont il prépare une réédition, I, 167.

GUI COQUILLE, I, 156.

GUICHARD, archevêque de Lyon. — Son calice, I, 103.

GUICHARD (Le P.), religieux Franciscain, né à Sens, auteur de plusieurs ouvrages, I, 374, note 5.

GUI DE MUNOIS, abbé de Saint-Germain d'Auxerre, auteur des *Gestes des Abbés* de ce menastère, I, 90.

GUI DE MELLO, évêque d'Auxerre. — Son codicille était dans les papiers de Lebeuf à Auxerre, II, 335.

GUI D'ÉVREUX, jacobin du XIVe siècle, écrivain, I, 103.

GUILLAUME, archevêque de Sens, a écrit, suivant Gesner, contre P. Lombard en 1160, I, 318.

GUILLAUME DE TONNERRE, jacobin du couvent d'Auxerre, I, 88.

GUILLAUME D'AUXERRE. — Son manuscrit *De divinis Officiis* à Tournay, I, 316.

GUYOT (Jean), chanoine de Sens, mort en 1404. — Son épitaphe aux Chartreux de Paris, II, 319.

H

HAMINGUS, évêque de Troyes au VIe siècle, II, 476.

Hamingus, explication de ce mot, qui précède celui de *Clotacharius*, II, 449. — Remarque sur l'emploi de l'H devant Rotlhaüs dans Clarius, 488.

HARDOUIN, avocat à Arras, demande à Lebeuf des renseignements sur la donation de la Bourgogne à Philippe-le-Hardi, II, 477.

HARDY (l'abbé) critique une édition de Virgile de l'abbé Desfontaines, II, 420.

HELLOT, chimiste. — Lebeuf lui mène un homme qui prétendait avoir découvert une mine d'or, II, 392.

HENNUYER (Jean), évêque de Lisieux. — Discussions à ce sujet entre le P. Texte et l'abbé Prévost, II, 397, note 5.

HENRION, numismate. — Ses discussions avec Genebrier, I, 354, note 7. — Professeur aux colléges de Noyers et d'Avallon, ibid.

HÉRIC, originaire d'Auxerre, I, 15. — Il existait à Saint-Germain-des-Prés un manuscrit de cet auteur sur la *Vie de saint Germain d'Auxerre*, 389. — Son sermon à la louange de saint Germain, et ses homélies, 401.

HERLUYSON (Charles), chanoine de Troyes, bibliothécaire de l'évêché, I, 96. — A publié le nouveau bréviaire de Troyes, 120. — Il est à Sens; son portrait, 269. — Est toujours malade à Sens et paraît disposé à retourner à Troyes, 309. — Ses discussions avec le doyen Fenel sur la liturgie Sénonaise, 318, note 2.

HERMANT, curé de Maltot (Calvados), a publié une *Histoire du diocèse de Bayeux*, I, 306.

HESSELIN (M. d'), grand-vicaire du diocèse de Sens, II, 175.

HILDEMAN, archevêque de Sens, a souscrit à un privilége de Saint-Père de Chartres, II, 496.

HIMBERT (Pierre), supérieur du séminaire d'Auxerre, I, 134.

HISTOIRE D'AUXERRE. — Lebeuf annonce qu'il en achève la composition en 1734, II, 152. — Annoncée dans le *Mercure* de décembre 1740, 266. — Il y en a eu deux exemplaires de débités à Sens, 449.

HISTOIRE DE SENS. — Lebeuf approuve Fenel d'y travailler, II, 279. — Fenel travaille, en 1746, à classer ses recueils sur cet ouvrage, 521. — Lebeuf le presse d'en activer l'exécution, 525. — Marche de cet ouvrage, 539.

Histoire du Calvinisme d'Auxerre. — Lebeuf la fait imprimer en 1722, I, 291. — Le *Journal des Savants* de 1725 a rendu compte de ce livre, 578.

Histoire des Comtes d'Auxerre. — Lebeuf y travaillle en 1724, I, 377.

Histoire des Archevêques de Sens par le doyen Fenel. — Elle aura deux tomes, I, 237.

Histoire civile de Sens. — Lebeuf ne la croit pas très riche, II, 411.

Histoire critique des Antiquités de Sens, titre du futur ouvrage de l'abbé Fenel, II, 413.

Histoire de Saint-Vigile, broch. in-8°, par Lebeuf, publiée en 1716, I, 294, note 3.

Histoire de Verdun, publiée par l'abbé Lebeuf, II, 501. — Corrigée par le Censeur pour ménager la mémoire de certains évêques, 562.

Histoire du diocèse de Paris. — Lebeuf en ramasse les matériaux, II, 266. — Il ne peut encore en commencer la publication en 1747, 536.

Historiens de Champagne, bénédictins. — Leur projet de publication, II, 424.

Honorius, écrivain du xiie siècle, II, 85. — Lebeuf le retranche de la liste des auteurs Autunois, II, 151, et des écrivains français, 231.

Horace, (manuscrit du ixe siècle), chez les PP. de l'Oratoire de Troyes, II, 113.

Horloge d'Eau de Sens, I, 323.

Hotel, nom donné à la demeure des archevêques de Sens, II, 181.

Huerne (L'abbé). — Conseiller à la chambre des Décimes de Sens; sa banqueroute, II, 466.

Huet, chanoine de la cathédrale d'Auxerre, I, 141. — Lebeuf le rassure sur ses craintes au sujet de l'appel qu'il a fait de la Bulle *Unigenitus*, I, 144.

Hugues de Poitiers. — Sa chronique de Vézelay, II, 154.

Humbert de Montmoret. — Lebeuf a découvert son ouvrage de la bataille de Cravan, I, 392, note 10.

Hunson, chantre du Chapitre d'Auxerre. — Son portrait, I, 341.

Hymne de Coffin sur saint Germain d'Auxerre, II, 538.

I.

Isled de Gourné, géographe, II, 282.

IMPRESSIONS D'OUVRAGES. — Les difficultés pour en obtenir l'autorisation sont plus grandes que jamais, en 1722, I, 326.

INSCRIPTIONS ROMAINES. — Lebeuf demande une lettre du P. Chamillard contre ceux qui les brisent, I, 320.

INSCRIPTION ROMAINE à Montmartre, II, 227.

INSCRIPTION ROMAINE tirée de Gruter sur les gladiateurs, II, 195.

INSCRIPTIONS ROMAINES trouvées à Auxerre : *Deæ Icauni,* etc., en 1721, I, 241, 297. — *Vibio consul.,* 113, note 3. — *Pro salute dominorum,* etc., en 1731, II, 102, 108, 109.

INSCRIPTION *Volusius Senone,* trouvée à Autun, II, 278.

INSCRIPTIONS DU Vᵉ SIÈCLE, trouvées à Lyon, expliquées par Lebeuf, II, 303, 311.

INSCRIPTIONS découvertes à Sens en 1735. — Lebeuf en fait une notice pour le *Mercure,* II, 181, 182. — Fenel envoie à Lebeuf copie d'une autre inscription, 186. — Autre trouvée en 1618, 169. — Mal publiées dans le *Mercure* de 1736, 190. — Les pierres en sont tirées des environs de Paris, 191.

J

JACQUES CLÉMENT, né à Serbonnes, II, 442.

JAGAN, eudiste en Normandie, introduit dans le Bréviaire de Lisieux des Homélies du pape Clément XI, II, 76.

JANNINCK (Le P.), jésuite à Anvers. — Lebeuf lui adresse une dissertation d'hagiographie locale, I, 166.

JANNOT, imprimeur à Sens au XVIIIᵉ siècle, I, 148.

JAULNE, II, 287. — La route romaine y aboutissait, 567, 568. — Le nom de ce village devrait s'écrire Jonne, 571.

JEAN DE VARZY, jacobin du couvent d'Auxerre, I, 87.

JEANNE (La reine) donne des reliques de saint Eustache et de saint Jacques à l'église de l'Hôpital à Paris; cérémonie à ce sujet, I, 10.

JÉSUITES. — Lebeuf écrit à ceux d'Anvers, I, 109. — Le nonce s'informe s'il y en a à Dijon pour y entendre la messe, I, 198. — Les Jésuites ne connaissent rien en musique, II, 93.

JÉSUITES D'AUXERRE. — Les curés de la ville demandent la destruction des congrégations qui se tiennent chez eux en 1717, I, 94. — L'évêque leur défend de faire des cathéchismes dans leur collége, II, 128.

Jésuites de Sens. — N'ont qu'une congrégation-d'écoliers, I, 97. — Un jésuite prêchant dans cette ville en 1721, déféré à l'archevêque par les curés, 267.

Jeu. — Le jeu est très répandu en 1742, II, 390.

Jodon (Prix), chanoine d'Auxerre, I, 133.

Joigny. — Papiers concernant la ville dans le trésor du Chapitre de Sens, I, 275.

Joly de Fleury, procureur général au Parlement, II, 305.

Jonas de Bobbio, II, 99.

Journal de Henri III, livre supposé, fait par un Augustin du Pont-Neuf, II, 534.

Journal de Verdun. — Lebeuf y écrit beaucoup depuis 1751, II, 553. — Il sollicite Polluché d'y envoyer ses mémoires, 563.

Jubé, curé d'Asnières. — Lebeuf lui demande des renseignements sur les reliques de saint Pèlerin qu'il possède, I, 152. — Grand réformateur de rites, ibid.

L

La Barre (De), membre de l'Académie des Inscriptions, I, 316. — Son dictionnaire des Antiquités grecques va être publié, II, 267.

La Bastie. — Ses discussions avec le président Bouhier sur divers sujets de l'antiquité romaine, II, 388.

Labienus. — En quel endroit a-t-il assiégé Lutèce, II, 236, 238.

La Bléterie (De), professeur au collége royal, ouvre son cours par une oraison en beau latin, II, 535.

La Charité, prieuré. — Il y avait un in-f° des antiquités de cette maison, I, 119.

La Chauvinière (M. de), savant liturgiste, laïque, personnage aujourd'hui inconnu, I, xxviii. — Fenel demande ses avis sur la nouvelle édition projetée du Bréviaire de Sens, I, 77. — Fenel a fait sa connaissance, 78. — Est chargé d'acheter des livres liturgiques, 80, 91. — Son avis sur la distribution du psautier de Troyes, 96. — Son éloge par Fenel, 102. — Envoie à Lebeuf des nouvelles liturgiques, 121. — Une dissertation qu'il a faite sur l'office de Beata, 154. — Doit envoyer à Vilman, curé de Sailly, un paquet de Lebeuf pour les Bollandistes d'Anvers, 165. — Doit adresser ses remarques sur le Missel de Cluny à dom d'Epringles, 169. — Va à Sens visiter le trésor de la cathédrale en 1718, 173. — Ami commun de Lebeuf et de dom Dolé, 187. — Adresse à Lebeuf des

observations sur des nouveautés liturgiques, 201. — Mort en 1724, 382.

La Chauvinière (Mme de). — Au sujet de services à lui rendre après la mort de son mari, I, 392. — Habite en Touraine au château de Reïgnac ou du Fau, II, 56.

Lacodre (Gabriel), prieur de l'abbaye Saint-Germain d'Auxerre, II, 22.

La Curne de Sainte-Pallaye, I, 301. — (Voy. Sainte-Pallaye).

La Duinde (L'abbé de), rédacteur des Nouvelles littéraires au *Journal des savants*, II, 458.

Lancelot (Dom), auteur d'une vie de M. Pavillon, évêque d'Aleth, II, 139.

Lancelot, membre de l'Académie. — Son rare mérite selon Fenel, II, 287.

Landit (Foire du) à Saint-Denis, I, 303, note 14.

Langage français (Vieux). — Fenel voudrait qu'on recueillît partout les mots de ce genre, i, 268.

Langres. — On y apporta les corps des trois jumeaux hébreux martyrs, Ananias, Misaël et Azarias, I, 7, note 24.

Langue celtique. — S'étendait dans le Milanais, II, 193.

Languet, évêque de Soissons, a écrit contre de Vert sur les cérémonies du culte, II, 130. — Devenu archevêque de Sens, accueille Lebeuf avec bienveillance, 207, 230. — Anecdote sur son régime sévère de vie, 229. — Part pour Paris dans un carrosse à six chevaux, 291. — Propose à Lebeuf de revoir le chant de l'église de Sens en 1741, 360. — A vu Mgr de Caylus, évêque d'Auxerre (1742), 375. — Son fâcheux état de santé en 1743, 398.

La Plotte (Thomas), doyen du Chapitre d'Auxerre, I, 75.

La Rivière (Jean de), bailli de Sens aux xive et xvie siècles, I, 268.

La Roque (Le chevalier), directeur du *Mercure*, mort en 1744, II, 507.

Lasseré, chanoine de Sens, I, 48. — Chargé de la correction du chant du graduel, II, 484, note 3.

Latofao. — Liffol (Vosges), II, 451. — Latofao, Faux (Marne), ibid., 452.

Lauverjat, famille Auxerroise, I, 298.

Le Bascle d'Argenteuil, chanoine d'Auxerre, I, 426, note 3.

Lebeuf. — Notice sur sa famille, I, lxx à lxxiv. — Adressé à Chastelain

des notes hagiographiques, prises dans son voyage en Champagne et en Lorraine, 3 à 7. — Nommé chanoine d'Auxerre en 1712, 14. — Ses rapports avec les Bollandistes d'Anvers, ibid. — Annonce qu'il s'applique à débrouiller l'Histoire du diocèse d'Auxerre, 14. — Notes liturgiques transmises par lui au P. Lebrun, 18. — Adresse au doyen Fenel un Mémoire sur le placement des saints dans le calendrier du Missel de Sens, 27. — Ses observations sur la réforme du calendrier du Bréviaire de Sens, prises en considération, 30, note 11. — Envoie au doyen Fenel des messes du commun pour le Missel de Sens, 51. — Demande à Fenel ce que sont devenus les papiers adressés à Sens en 1714, à l'occasion d'un compromis touchant une cérémonie liturgique, 53. — Sa lettre au Chapitre de Tours au sujet de l'Appel en 1717, 83. — Le Chapitre de Sens lui adresse ses actions de grâce, 101. — A fait un office de Saint-Germain en 1708 pour une paroisse de Lisieux, 108. — Travaille au Calendrier et au Propre des saints d'Auxerre, 123. — A été formé sur le chant et la liturgie par Chastelain, 131. — Adresse à M. de Caylus un rapport sur ses travaux de réforme liturgique en 1718, 132. — Offre ses services à l'abbé de Prémontré pour la publication de la nouvelle édition de l'Ordinaire de son ordre, 210. — Injurié par un de ses confrères du Chapitre, nommé Taveault ; ses plaintes ; le Chapitre paraît approuver l'agresseur, 278, 280. — Note à consulter sur les motifs de plaintes de Lebeuf ; — Historique de la querelle causée par les projets de réformes liturgiques de Lebeuf, 280. — Recherche l'appui de l'archevêque de Sens en 1722, 322. — A un vieux cousin à Joigny en 1722, 331. — Ses contestations avec le Chapitre d'Auxerre au sujet de sa résidence, 341. — Demande des renseignements au P. Prévost pour vivre à Paris le plus économiquement possible, 360. — Travaille au Bréviaire de Sens, 363, note 3. — Fait un voyage du côté de la Loire en 1725, 416. — Sa sœur pensionnaire dans le couvent de Donzy, 417. — Son caractère et son esprit. II, vii, viii. — Ses soucis de famille, ibid., xiii. — Ses voyages annuels en France, xv et suivantes. — Se justifie auprès du doyen Fenel de l'imputation d'avoir parlé au cardinal de Noailles du projet de relâchement des heures de l'office, 3. — Se félicite d'avoir procuré à l'église d'Auxerre l'excellent Bréviaire de Sens, 8. — Sollicite le chanoine Fenel d'adresser une notice nécrologique sur son oncle, le doyen, aux *Mémoires de littérature* du P. Desmolets, 27, 30. — Visite la Bourgogne en 1728, 52, 54. — Son mode de voyage à Paris pour ne pas perdre ses droits à sa prébende à Auxerre, 53. — Souhaite pouvoir quitter son pays (1730), 94. — Revient du Berry (juillet 1730), 97. — Reçoit une avanie à l'abbaye de Fontenay, 110. — Les moines ont du regret de cette aventure, 111. — Va à Troyes voir les Manuscrits de Pithou en 1731, 113. — Visite Melun et une partie de la Champagne en 1732, 122. — A com-

posé un Mémoire sur la bataille de Fontenoy, 130. — Son opinion sur l'emplacement de cette bataille, 140. — Félicité par le président Bouhier du prix à lui décerné par l'Académie en 1731, pour son Mémoire sur l'*Etat des Sciences depuis Charlemagne*, etc., 151. — Souhaite trouver à Paris un poste qui le dédommage de la perte de son bénéfice, ibid., 152. — Demande à Fenel son avis sur la forme à donner à son nom, 163. — Recommence à signer comme dans sa jeunesse, c'est-à-dire en un seul mot, 166. — Obtient le prix au concours de l'Académie de Soissons en 1735, 171. — Privé de ses droits aux revenus éventuels de sa prébende pour s'être absenté, 172, note 3. — Travaille au chant du Bréviaire de Paris, 187. — Va visiter l'archevêque de Sens en 1736, 188. — Ses compatriotes l'ont noirci à la cour, 197. — Ses confidences au président Bouhier sur ses projets d'arriver à Paris, 197. — Prépare un Mémoire pour le concours de l'Académie en 1737, 198. — A eu envie de quitter Auxerre depuis 20 ans (1737), 208. — La cause de son concours aux opinions du pays, ibid. — Fenel lui promet son appui auprès de l'archevêque de Sens, ibid. — A remporté le prix de Soissons en 1737, 209. — Envoie un exemplaire de sa dissertation couronnée à Mgr Languet, 212. — M. de Caylus veut qu'il revienne à Auxerre, 216. — Il cherche à se faire protéger par l'archevêque de Sens, ibid. — Haute opinion de l'archevêque de Sens sur lui, 220. — Relation de sa visite à ce prélat, 221. — Ses rapports avec lui depuis longtemps, 222. — Recommande le secret à Fenel, 224. — Ses rapports fréquents avec les Bollandistes, 226, note 5. — Recherche l'appui de M. de Mazaugue auprès de l'archevêque de Paris pour obtenir un bénéfice, 243. — Ses doléances sur son peu de succès, ibid. — Ses précautions pour ne pas être vu de ses confrères en arrivant à Auxerre en 1739, 244. — Demande au P. Cuypers un certificat constatant le zèle qu'il a toujours mis à fournir des matériaux pour l'ouvrage des PP. Bollandistes, 246, 253. — On projette de le charger de revoir les épreuves du Bréviaire de Bayeux; plaintes de ce qu'il y a fait des changements, 258. — Détails sur sa maison à Auxerre, 260-61. — Le Chapitre d'Auxerre veut le forcer à revenir dans son sein, 265. — Nommé académicien en 1740, 290. — Félicitations de Fenel, ibid. — Demande de nouveau l'appui du président Bouhier auprès de M. de Maurepas et de M. Joly de Fleury, 299. — Proteste qu'il ne connaît l'Histoire de France que par lambeaux, 299. — Annonce à Fenel son voyage de Soissons pour recevoir le prix du concours académique en 1741, 509. — Qualifié membre honoraire de l'Académie de Soissons, 314. — N'écrira plus pour l'Académie de Soissons afin d'occuper son temps à des Mémoires pour l'Académie de Paris, 314. — Annonce à Fenel son insuccès pour obtenir une place à la Bibliothèque du Roi, 525. — Comptait en 1741 obtenir une partie de la charge de Lancelot au Trésor des Char-

tes, 329. — Il se console de son échec, ibid. — Habitant Paris il invite
Fenel à aller à Auxerre, afin de chercher dans son cabinet des chartes
dont il a besoin, et il lui envoie une clef à cet effet, 331. — S'excuse de
lui avoir envoyé cette clef, et le sollicite, sans en avoir l'air, à faire ce
voyage, 333. — Indications nouvelles sur les recherches à faire dans les
papiers, etc., de son cabinet, 335. — Recommande à Fenel le secret pour
faire les recherches qu'il lui demande dans ses papiers à Auxerre, 335. —
Adresse de grandes excuses à Fenel sur les désagréments que lui a causés
le voyage d'Auxerre entrepris à sa prière, 352. — Voyage à La Chapelle-
Gautier, à Champeaux, etc., 359. — A vu à Paris l'archevêque de Sens
qui lui a fait compliment sur son livre de l'*Histoire du Chant*, 360. —
Prie instamment Fenel d'appuyer son frère, le curé de Venoy, auprès de
l'archevêque de Sens pour lui obtenir un bon bénéfice, attendu leurs
charges de famille, 379. — Envoie à Fenel la suite de ses Mémoires
civils sur Auxerre, en feuilles détachées, 393. — Ses observations sur le
Mémoire de Fenel adressé au concours de l'Académie de Soissons en
1742, 396. — Déclare que, s'il s'est trompé à propos du *Genabum*, il se
dédira sans façon, 402. — Donne à Fenel des détails sur l'opinion des
commissaires de l'Académie au sujet de sa pièce envoyée au concours en
1743 ; recommande le secret, 407. — Trois pièces de lui dans le *Mercure* de 1743, restées anonymes, 421. — Son voyage par la route de Sens
à Orléans, appelée *Chemin de César*, 429. — Villages sur la ligne, 430.
— Va souvent en campagne sans savoir où, 429. — Proteste de son indi-
gnité à mériter le titre de maître que Fenel lui donne, 461. — Celui-ci
persiste dans sa qualification, 467. — Écrit sous l'anonyme à Fenel pour
raconter comment il a été lui-même une fois évincé des prix du concours
de l'Académie en faveur de M. l'abbé Goujet, et qu'il doit se consoler si
le prix de 1744 a été donné à M. Martin, 462. — Doléances de Fenel à
ce sujet, 464. — Conseils à Fenel sur la marche à suivre pour réussir
dans son projet d'arriver à l'Académie, 471. — Envoie son livre sur le
chant au cardinal Quirini, 482. — Prépare le futur appartement de Fenel
à Paris, 491. — Son zèle pour aider les travailleurs, 502. — Offre à dom
Lemerault des matériaux pour la *Gallia christiana*, diocèse de Châlons,
ibid. — Son voyage dans les diocèses de Chartres, d'Orléans et de Sens
en 1744, 503. — Projette de se servir de ses papiers emportés d'Auxerre,
par Fenel, 507. — Mal reçu par un curé du diocèse d'Orléans en 1744,
509. — Est toujours dans l'attente d'une place à la Bibliothèque du Roi
en 1745, 511. — Voyage à cheval, 512, 515. — Annonce qu'il a fait un
voyage en Normandie en 1746, 523.

LEBEUF (André-Prix), frère de l'abbé, recommandé à M. Blondel, etc., I,
261. — Chanoine et curé de Venoy, ibid., note 4. — Sollicitude de son
frère pour lui, II, 372.

LEBEUF (Pierre), frère de l'abbé Lebeuf, lui cause bien du souci. — Il est mort cordelier à Venoy, I, 325. — Condoléances de Fenel à cet égard, 328.

LEBEUF, capitaine de la milice à Joigny, auteur d'une relation de la *Réception de l'archevêque de Sens à Joigny*, II, 207. — L'archevêque est parrain d'un de ses enfants, 265. — Lebeuf devenu furieux contre sa femme, 344. — L'abbé Lebeuf suppose que c'est à cause de l'insuccès de son *Histoire de Joigny*, ibid., 346 et 400. — Sa femme l'a quitté, 364. — Il l'a ruinée, ibid. — Son dérangement d'esprit augmente, 372. — Il est enfermé à Charenton, 377, 379.

LEBEUF, curé de Chassy. — L'archevêque de Sens lui donne une meilleure cure à raison de son nom, II, 432; ibid., 436. — Parent de Lebeuf de Joigny, 437.

LEBEUF, secrétaire du roi, oncle de l'abbé Lebeuf, I, 261. — Voudrait bien être d'une noblesse plus ancienne que celle de fils de secrétaire du roi, II, 332.

LEBEUF, famille noble de l'Anjou, II, 332.

LEBEUF de Montargis (Famille des), I, 330, 331.

LEBRUN (Le P.), de l'Oratoire. — Ses notes liturgiques contenant des renseignements envoyés par Lebeuf, I, 18. — Regrets de Lebeuf sur sa mort, II, 62. — Papiers que ce dernier lui a confiés, 63, 67.

LEBRUN DES MARETTES, d'Orléans, a eu la meilleure part à la composition du Missel et du Bréviaire d'Orléans, I, 187.

LECLERC (Antoine). — Le P. Prévost a fait des remarques sur ce personnage, I, 214. — Famille considérable de l'Auxerrois, ibid., note 2, ibid., 347.

LECLERC, chanoine d'Auxerre, a lu tous les registres baptismaux des paroisses d'Auxerre, II, 21.

LE COURRAYER (Le P.). — Lebeuf l'estime infiniment, II, 579.

LEFÈVRE DE LAUBRIÈRE, évêque de Soissons, fondateur des prix de l'Académie de cette ville. — Sa mort en 1738, II, 242.

LÉGENDES de saint Savinien et de sainte Colombe, refaites au IXe siècle, II, 131.

LE HENNUYER, évêque de Lisieux. — Notice sur lui par Prévost, II, 387.

LELONG (Jacques), prêtre de l'Oratoire, bibliographe, I, 80.

LEMASLE, abbé de Saint-Père d'Auxerre, I, 394.

LEMERAULT (Dom), bibliothécaire de Saint-Germain, à Paris, II, 501.

LENGLET-DUFRESNOY, mis à la Bastille pour son 6e volume des *Mémoires de Condé*, II, 415.

LE PELLETIER, chanoine, auteur de l'*Histoire des comtes de Champagne*, I, 334, note 3.

L'EPAU, prieuré de l'ordre du Val-des-Choux, au diocèse d'Auxerre, I, 179 et 182. — Fondé vers 1214, par le comte Hervé, 188.

LÉPREUX (Les) devaient avoir une patte d'oie sur leurs habits, par allu-sion à la reine Pédauque, guérie de la lèpre, II, 567.

LERICHE (Jean), chantre de Sens, auteur d'un *Calendrier Sénonais*, I, 81.

L'ESCALOPIER (M. de) possédait une liasse de pièces liturgiques du P. Lebrun, où étaient des notes de Lebeuf, I, 18.

LES ISLES, abbaye de l'ordre de Cîteaux, près d'Auxerre, I, 299, note 5.

LE TELLIER, aumônier de l'évêque d'Auxerre, II, 15.

LETTRE DES *Sept*. — Lettre de sept évêques au pape, au sujet de la Consti-tution *Unigenitus*, en 1721, I, 304, note 17.

LETTRES AUTOGRAPHES DE LEBEUF, données par M. de Bastard à la Société des sciences, I, VII. — Possédées par M. de Fontaine, VIII.

LETTRES DE LEBEUF (Les) étaient le plus bel ornement du cabinet de Fenel jeune, II, 267.

LETTRES de Fenel à Lebeuf. — Comment sont-elles revenues à Sens, II, 234, note 2.

LETORS, avocat à Avallon, a envoyé à Lebeuf un Mémoire sur les chemins romains, II, 206. — Sa dissertation sur *Vellaunodunum* dans le *Mer-cure*, 210; — Sur *Genabum*, 213. — Auteur d'un Mémoire sur la Ligue à Avallon et d'autres travaux, 268 et 269, note 4. — Sa correspondance à la Bibliothèque Impériale, 519.

LEVASSEUR, maître de musique. — Sa conduite à Autun, II, 277.

LEVASSEUR, auteur des *Annales de Noyon*, prend les murs romains de cette ville pour des constructions Sarrazines, II, 513.

LÉVÊSQUE DE LA RAVALLIÈRE, II, 171.

LHOSTE (Jacques), médecin assez illustre du XVe siècle, qui se retira à Au-xerre, I, 343.

LI CHANTEOR DE SENS, épithète donnée aux habitants de cette ville, II, 143.

Lidoria, couvercle de tombeau, II. 533.

LIEUE GAULOISE. — Son étendue est de 2,450 toises, II, 263.

LISIEUX. — Lebeuf a composé en entier l'Antiphonier, I, 124.

LITANE, forêt en Italie, II, 176.

LITURGIE (Observations sur les principes qui doivent diriger dans la réforme de la), II, 93.

LITURGIE. — Aperçu de la réforme projetée à Auxerre par M. de Caylus et Lebeuf, I, XXIX. — Projet de réforme par Lebeuf en 1717, 121. — Observations de Lebeuf sur ce sujet, 276. — Rédaction sous M. de Caylus, 416, note 36.

LITURGIE DU MISSEL DE SENS (Observations sur la), I, 45.

LITURGIE MOZARABE (Recherches de Lebeuf sur la), I, 294.

LIVRE contenant l'indication des endroits où les Anglais cachèrent les trésors qu'ils ne purent emporter, lors de l'invasion de la France au XIV° siècle, I, 344.

LIVRES enfouis sous terre. — Opinion de Fenel, II, 224.

LIVRES visités à la douane à leur entrée à Paris, II, 435.

LONGPONT, l'abbaye et ses manuscrits, II, 310.

LONGUEMARE (M. de), lauréat de l'Académie de Soissons en 1744, II, 468.

LOTERIES, admirable évacuatoire, selon Lebeuf, II, 405.

LOUIS (Le P.), célèbre capucin d'Auxerre, II, 413.

LOUVARD (Dom), bénédictin, zélé janséniste, annonce à Vilman que l'évêque d'Auxerre refuse l'accommodement proposé par le cardinal de Noailles, I, 208.

LOYSET (Claude), avocat Auxerrois, I, 345.

LURBECK (M. de), II, 118.

LUYSANT (M. de), I, 362. (Voir FENEL.)

M

MABILLON. — Ses erreurs sur la topographie du diocèse d'Auxerrre, I, 15.

MADELENET (Gabriel), poète du XVI° siècle, I, 256.

MAGNON, archevêque de Sens, a dédié ses *Notæ juris* à Charlemagne, II, 135.

MAHIET, chanoine de Sens, II, 73.

MAHUDEL, médecin, donne sa démission du titre de membre de l'Académie des Inscriptions, II, 459.

MAILLARD de Paris. — Lebeuf lui adresse une lettre sur le sceptre de Charlemagne, II, 68. — Adresse des lettres à Lebeuf dans le *Mercure*, 192.

MAILLART, célèbre avocat à Arras, II, 204. — A écrit sur la coutume d'Artois, 205. — Agé de 75 ans, fait rebâtir sa maison, 209. — Aventure fâcheuse qui lui est arrivée, 415.

MAILLOTIN, surnom des habitants de Joigny, II, 436.

MAINTENON, camp de César, près de ce lieu, II, 503.

MAISON-DIEU DE SENS (La petite). — On la démolit en 1358 pour la sûreté de la ville, II, 385.

MAITRE-AUTEL, terme impropre, selon Lebeuf, pour désigner le grand autel d'une église, II, 85.

MAMEROT, Père dominicain d'Auxerre, I, 88.

MANDEMENT DE MGR DE CAYLUS en 1721. — Lebeuf veut faire imprimer à Sens des notes historiques et apologétiques à l'appui, I, 323, 326. — Contre l'immodestie dans les églises ; Mme de Château-Vieux en fut l'occasion en 1724, I, 397.

MANDRAGORE, plante à laquelle on attribuait des vertus extraordinaires, II, 225, 228.

MANS (Le). — La Cité était un carré très oblong ; description de l'enceinte actuelle, II, 430.

MANTEAU DE SAINT MARTIN à Saint-Martin-les-Jumeaux, près d'Amiens, I, 108. — Un morceau en est dans l'église d'Olivet, diocèse d'Orléans, 116. — Le reliquaire du manteau de saint Martin dans la cathédrale d'Auxerre, pillé par les Huguenots en 1567, ibid.

MANUSCRITS D'AUTEURS AUXERROIS (Liste de), envoyés par Papillon. — Critique de Lebeuf, I, 247.

MANUSCRITS des PP. de l'Oratoire de Troyes, II, 113.

MANUSCRITS DU CHAPITRE DE SENS. — Lebeuf souhaite en voir s'accroître le nombre et offre ses services pour cela, II, 28.

MARCILLY, abbaye de l'ordre de Cîteaux, commune de Provency (Yonne), I, 298.

MARCOTTE, lazariste, né à Montreuil, I, 178.

MARIE (Jean), pénitencier de la cathédrale d'Auxerre, I, 181.

MARIE, famille Auxerroise illustre, I, 411.

MARIE, sœur de Lazare. — Toutes les femmes font la révérence à une allusion de son évangile, I, 197.

MARIVAUX. — Sa réception par Monseigneur Languet à l'Académie française, II, 401.

MARTÈNE (Dom), religieux de la congrégation de Saint-Maur. — Lebeuf lui envoie le bref Auxerrois de 1721, I, 211. — Offre par Lebeuf de chartes pour sa publication des *Vetera Monumenta*, 290.

MARTIN (Dom), concurrent pour le prix de l'Académie des Inscriptions en 1742, II, 367.

MARTIN IV, pape, originaire de Bray en Tourraine, II, 123.

MARTIN, avocat. — Obtient au concours le prix de l'Académie des Inscriptions en 1744, malgré les droits de Fenel, II, 462. — Employé à l'Hôtel de-Ville, 469.

MARTINEAU, famille Auxerroise connue dès le XVIᵉ siècle, I, 304.

MARTINEAU DE SOLEINE (Jacques), subdélégué. — Fait saisir le livre de la *Prise d'Auxerre par les Huguenots* de Lebeuf, I, 371. — On brûle le cahier où était le feuillet « prétendu vénimeux, » 571. — Il est blâmé par le garde-des-sceaux, 376. — Cause de son hostilité contre Lebeuf, 378.

MARTYROLOGE D'ADON à Saint-Germain-des-Prés. — Tous les saints d'Auxerre y figurent, I, 388.

MARTYROLOGE D'AUTUN (Saints du). — Lebeuf demande des renseignements sur plusieurs, II, 86.

MARTYROLOGE DU XIIIᵉ SIÈCLE, copié sur celui de Saint-Martin d'Autun, II, 574.

MARTYROLOGE ET NÉCROLOGE de l'église d'Auxerre, publiés par D. Martène et par Lebeuf, II, 23. — Écrit au XIᵉ siècle et conservé à Sainte-Geneviève, 536.

MARTYROLOGE D'AUXERRE, édité en 1751 par Mignot et Potel, II, 536, note 1. — Lebeuf y fait des corrections, ibid., 538. — Annonce qu'il sera bel et bon, 546.

MASCLEF (Fr.), chanoine d'Amiens, janséniste exalté, I, 109, et note 13.

MASSOLAG, palais royal Mérovingien, II, 140.

MATHOUD (H.), écrivain Sénonais, II, 526.

MAUDUIT (Jean), bourgeois d'Auxerre au XIVᵉ siècle, I, 395.

MAUREGARD, village au diocèse de Meaux. — Le curé a des collections de curiosités de toutes sortes, II, 515.

MAXINGY, nom du lieu de la cure de M. Poisson, aujourd'hui Marsangy, II, 127. — Écrit *Maximiac*, 131.

MAZAUGUES (De) le président, grand érudit, II, 243.

MÉDAILLES (Trouvailles de) dans l'enclos de Saint-Julien d'Auxerre, I, 321. — Près de la ville de Brienon, II, 66. — Un *Lucius Verus* en or trouvé près d'Auxerre, 115. — Lebeuf consulte les savants sur une trouvaille de ce genre faite à Auxerre, 173.

MÉDAILLER DU DOYEN FENEL, I, 327. — Légué au chanoine Lasseré, II, 29.

MÉDAILLISTE. — Anecdote sur un marchand qui vint à Auxerre en 1725, I, 424.

MÉDECINS. — Leur « bêtise » en ostéologie. — L'un d'eux, d'Auxerre, a annoncé, dans le *Journal de Verdun* de 1741, qu'une religieuse d'Auxerre rendait des pierres par devant et par derrière, II, 499.

Mel, mot qui signifiait chez les Celtes lieu aquatique, II, 189.

Meleredense, monastère de Moutiers (Yonne), tire son nom de sa situation marécageuse, II, 189.

MÉLODIES DES GRECS. — L'Église se les est appropriées, II, 65.

Melodunum. — Observations de Lebeuf sur cette ville, II, 193.

MELOT (Anicet), membre de l'Académie des Inscriptions, succède à M. Sevin, à la Bibliothèque du Roi, II, 325. — Né à Dijon, « bon garçon et non fier, » 329.

MELUN. — Antiquité qui existait, dit-on, à la pointe orientale de l'Ile, II, 184.

Mémoires de Condé. — Letors demande à y insérer son écrit sur les *Guerres civiles*, II, 269.

MÉMOIRES SUR L'HISTOIRE D'AUXERRE. — Lebeuf annonce en 1738 qu'il y travaille, II, 241. — Que le premier volume paraîtra à la fin de décembre 1741, 358. — Du prix élevé qu'on les vend, 421. — Seront en vente vers la Toussaint, 1743, ibid. — Détails sur ce livre à son apparition, 508.

MÉMOIRES SUR L'HISTOIRE DE CHAMPAGNE (Les). — Mauvaise collection, I, 253.

MÉNIGOUSTE (Collégiale de), en Poitou, II, 179.

MENOU (De), seigneurs de Nanvigne (Nièvre), I, 412. — Terre de Nanvigne érigée en marquisat sous leur nom, ibid., note 29.

Menrora ou Evrola, lieu qui représente l'Avrolles moderne, II, 126, 127,

Mercure (Le). — Notice sur les revues qui ont porté ce titre, I, 419, note 3. — Lebeuf annonce qu'il n'y travaillera plus guère, II, 296. — Ce journal n'est plus reçu à Sens en 1742, 390. — Le privilége de ce journal sollicité par Duclos en 1714, 507. — Lebeuf cesse d'y collaborer en 1751, 553.

Messes des Morts ou Épistolier de Sens, imprimées in-12, I, 68.

Metiosedum. — Lebeuf croit que c'est une forteresse Gauloise au pays de Josas, II, 236 note 2, et 237. — Il le place à Villejuif, 252.

Metz. — La cathédrale possède un catalogue de reliques en vers hexamètres, I, 3. — On y vénère 26 évêques comme saints, 4.

Mezangarbe, Président du bailliage d'Auxerre au xvie siècle, I, 412, note 27.

Mézilles. — Remarques sur saint Marien, I, 13.

Mignot (Jean-André), grand-chantre de la cathédrale d'Auxerre, I, 83. — Lebeuf lui adresse des renseignements sur le Martyrologe Auxerrois du xie siècle, II, 537.

Mille romain. — Son étendue est de 754 toises, II, 262.

Missel d'Auxerre. — Son achèvement en 1730, II, 94.

Missel sénonais. — Sa réforme projetée, I, 20. — Des curés d'Auxerre veulent en acheter, 94. — M. Leclerc, chanoine, le fait ôter de dessus l'autel chez les Visitandines d'Auxerre, et met le missel romain à la place, 134.

Mission a Dijon en 1737. — Scènes populaires, extravagantes qui s'y passent, II, 214.

Mitiganna, Migennes, terre donnée par Dagobert à l'abbaye Saint-Julien d'Auxerre, I, 60.

Mitre et Chásuble de saint Eblon, I, 79, 80.

Mocquet (Jean) chirurgien, né à Monthion (Seine-et-Marne), auteur d'un voyage manuscrit « dans les terres lointaines, » II, 317. — Ses poésies et ses voyages étaient conservés à l'abbaye Saint-Jean de Sens, 321. — Ses manuscrits ne sont pas à Saint-Jean, à ce que disent les moines, II, 322. — Lebeuf insiste, mais il ajoute que les moines craignent de gâter leur rochet en cherchant ces manuscrits, 327. — Vers 1728, un chanoine régulier y a copié les voyages de Mocquet, 329.

Moine de l'Epau. — Martyrisé par les Huguenots, I, 181.

Moines. — Leur valeur réelle comme historiens selon Lebeuf, II, 525.

MONEHAULT, curé de Saint-Pèlerin d'Auxerre. — Ses *hymnes en l'honneur de saint Pèlerin*, I, 58, note 9.

MONNAIE NOIRE trouvée à Sens en 1358, II, 384.

MONTARLOT. — Quel est le nom de ce lieu en latin, II, 240, 250.

MONTBOUY, lieu où existe un théâtre antique, II, 297.

MONT-CHALAU. — Voy. *Chalau Mons*.

MONTGERON (De), auteur d'un ouvrage sur les *Miracles du Diacre Paris*, II, 215.

MONTMARTRE. — Antiquités qu'on y a découvertes en 1338, II, 222, 225, 227.

MONTMORET (Frère Humbert de), I, 302. — Parle de la bataille de Cravan, 381. (Voyez Humbert de Mont-Moret.)

MONTMORILLON. — Le prétendu temple Gaulois n'est qu'une chapelle du Saint-Sépulcre, II, 553.

MONTPUTOIS, paroisse d'Ouanne, chapelle Sainte-Apolline, I, 410.

MOREAU, doyen du Chapitre d'Auxerre, esprit turbulent et très remuant. — Son portrait, I, XLVI, et 69, note 10. — Opinion du doyen Fenel sur lui, 78. — Cause de troubles dans le Chapitre et même dans le diocèse, 274. — Ses contestations avec l'évêque de Caylus, 285, 289. — Le doyen Fenel s'en plaint vivement, 374. — Le doyen Moreau se met à la tête du parti des réformateurs en matière liturgique, 385, note 3.

MOREAU DE MAUTOUR, académicien, I, 260.

MORIGNY-LES-ETAMPES, abbaye autrefois célèbre, fort en ruines en 1744, II, 506.

MORIN (D.), historien du Gâtinais, II, 298.

MORTALITÉ. — A été grande à Sens et à Auxerre en 1743, par suite de fluxions de poitrine, II, 398.

MOTTE DU CIAR (La), édifice romain situé auprès de Sens, II, 164. — Elevée pour boucher le passage de la rivière d'Yonne, 219.

MOUFLE (Barthélemy), chanoine de Sens, I, 53.

MOUSSARD, official, a travaillé au bréviaire de Bayeux, II, 258.

MOUTIERS, prieuré de l'abbaye Saint-Germain, I, 185. — Voyez *Meleredense*.

MOUVEMENT DU COEUR. — Théorie de saint Thomas-d'Aquin sur ce sujet, II, 305.

Mugnier, auteur de l'*Histoire des comtes d'Autun* en manuscrit à la bibliothèque impériale, II, 276.

Musiciens. — Echouent dans l'exécution du chant grégorien, II, 145.

Mute, chanoine, official, *omnis homo* à Cambray, II, 516.

N

Narcy (Prieuré de), au diocèse d'Auxerre, II, 574.

Nemetodurum. — Réflexions de Lebeuf sur l'application de ce nom à Nanterre, II, 448.

Nevers (Le bréviaire de). — Observations critiques de Lebeuf, II, 55.

Nevers. — Chronique manuscrite, conservée dans les archives de Saint-Cyr, I, 189. — On conserve un beau *Sacramentaire* dans la cathédrale, 308.

Nicolaïte (M. le), I, 142, note 2.

Nithard. — Le manuscrit de cet auteur est au Vatican, II, 140.

Nivernais (Histoire manuscrite sur le) par D. Dolé, I, 156.

Noel (Louis), auteur de travaux historiques sur l'Auxerrois, I, 240. — Ses notices sur des écrivains de ce pays, 314. — Avait conçu le projet d'un nobiliaire Auxerrois, 400. — Ses papiers étaient chez Lebeuf à Auxerre, II, 357.

Noms. — On en donnait plusieurs au ixe siècle, II, 74. — Ne viennent pas exclusivement de ceux des saints, 162, — Plusieurs sont teutoniques, ibid. — Remarques sur ceux qui sont injurieux, ibid. — Terminés en *ay*, leur origine selon Fenel, 284. — Objections de Lebeuf, 292. — Origine de leur terminaison en *y*, 300.

Notice historique d'un Diocèse, chose importante, II, 509.

Notitia Galliarum de Valois, achetée 24 livres, II, 373.

Nourrisson, maître de musique de l'église d'Autun, écrit à Lebeuf sur quelques points de chant, II, 49.

Noviodunum, Nevers. — Son emplacement cherché au-dessus de Decise, II, 193.

Noyon (Église de). — Documents curieux sur sa cathédrale, etc., publiés dans le *Gallia,* II, 567.

Noyon. — L'évêque rencontré par Lebeuf à la porte de cette ville, II, 512. — Visite des Antiquités, etc., ibid. — Chaussée romaine d'Amiens, 516.

Nuits. — Lebeuf possédait un catalogue des reliques de la collégiale, II, 77.

O

Occo (Adolphe), numismate allemand, I, 327, note 3.

Odon d'Orléans, chanoine de Tournai, professeur de dialectique à Tours, I, 115.

Odon, chanoine de Saint-Père d'Auxerre au xii° siècle, I, 194.

Odoranne, chroniqueur Sénonais, apprécié par Fenel, II, 521. — On possédait à Saint-Germain-des-Prés un écrit de cet auteur sur la construction de l'abbaye Saint-Pierre-le-Vif, II, 522, 525. — Description d'un manuscrit de cet écrivain datant du xii° siècle et conservé à la Bibliothèque royale, 528. — Ce manuscrit a appartenu à J. Taveau de Sens, 529, 531.

Œuf de Poule contenant un autre œuf avec sa coque, II, 281.

Office religieux d'Auxerre et chant rédigé par Lebeuf, I, 122.

Office Sénonais chanté à l'église Saint-Renobert en 1718, I, 133.

Office religieux. — Lebeuf se plaint au doyen Fenel de la manière dont les chanoines ses confrères veulent abréger l'office, I, 422, 427, 431. — Se plaint au P. Prévost, 425, 429.

Orfèvrerie (L'auteur de l'Histoire de), est natif d'Ervy, II, 132.

Organare Cantum, définition de ces termes du plain chant, II, 167.

Orléans. — Le faubourg occidental s'appelle les Orgerils, II, 369.

Orléans. — Murs romains, la ville formait un carré long, II, 430.

Othe (Forêt d') dans le département de l'Yonne, II, 132, note 8.

Oudin (Fr.), jésuite, auteur de la *Bibliotheca Scriptorum Soc. Jesu*, I, 311, note 5.

Oudinot (Le P.), génovéfin, II, 61.

P

Pairs de Joigny (Lettre de Lebeuf de Joigny sur les), II, 265.

Palais épiscopal d'Auxerre, I, 162, et note 7.

Papiers emportés d'Auxerre par Fenel, pesant 64 livres, II, 356. — Lebeuf les lui recommande, 507. — Les demande à Fenel, 548. — Envoyés mal à propos à Villeneuve-le-Roi, 549.

PAPILLON (L'abbé) fait l'éloge de Lebeuf, I, LXVII. — Envoie des notes à Lebeuf sur les écrivains Auxerrois, 244. — Lebeuf lui a donné tous les documents qu'il possédait sur les auteurs de Bourgogne, 272. — Il l'appelle Bourguignon rebarbatif, 372. — Son portrait, II, 53.

PARIS. — Église des Carmes, statues qui s'y trouvent, II, 385. — Lettre de Lebeuf sur la topographie ancienne de cette ville et notamment sous Philippe-Auguste, II, 305.

PASSIONEI (Le cardinal), bibliothécaire du Vatican. — Lebeuf le remercie d'un présent de livres, II, 541. — Le prie de lire le manuscrit du premier semestre du *Martyrologe d'Auxerre*, que le cardinal Quirini lui remettra, 542.

PAULET, prêtre de l'église Saint-Nicolas à Paris, directeur de l'évêque de Caylus, I, 143.

PAYENS. — Il y en avait encore à Arras sous Clotaire Ier, II, 462.

PENSION DE 1,200 LIVRES, promise à Lebeuf à la mort d'un abbé Philbert, II, 396, (Voy. Philbert).

Pepicus, question sur la signification de ce mot, II, 523. — Synonyme de *Cornard*, 525.

PERREAU D'AUXERRE, auteur du *Style de la Pharmacopée de Moïse Charras*, I, 288.

PERREAU, curé de Saint-Martin, près de Saint-Julien d'Auxerre, fait une pièce de vers à l'éloge de Lebeuf, à la fin de la *Prise d'Auxerre*, I, 378.

PERRECY, en Charollais, lieu où l'on conserve le corps de saint Ethère, évêque, II, 101.

PERRUQUIERS. — Louent des appartements à Paris, II, 477, 498.

PESTE DE 1721. — On dit tous les jours à la chapelle Saint-Sébastien de la cathédrale d'Auxerre l'oraison *Pro tempore pestis*, I, 217.

PÉTRIFICATIONS à Bagneux, près Soissons, II, 310.

PHILBERT (L'abbé). — Fenel annonce sa mort à Lebeuf, et le félicite sur son changement de fortune, II, 495. — Lebeuf le détrompe : L'abbé Philbert n'est pas mort, 498.

PHILOPALD, trésorier d'Appoigny. — Exerce son influence sur Mgr de Caylus pour la rédaction du Rituel d'Auxerre, I, 416, note 36. — Mêlé aux travaux sur la liturgie Auxerroise, II, 58, 59, 63.

PHYSIQUE DE SAINT THOMAS. — Fenel en rit, II, 311.

PIERRE DE CORBEIL, archevêque de Sens. — Sa tombe, découverte en

1715, I, 41. — Auteur d'un commentaire sur saint Paul, 318, note 3. — Anecdote sur lui par Thomas, dominicain du xiii° siècle, 378.

PIERRES DES MURS ROMAINS DE SENS. — Leur origine, II, 188.

PIERS (Richard), évêque de Waterford, vicaire-général de plusieurs archevêques de Sens, I, 20.

PIROT (Antoine), avocat à Avallon en 1614, a copié un exemplaire du poëme de Gérard de Roussillon, II, 519.

PIROT (Edme), professeur à la Sorbonne, né à Auxerre, I, 273 et note 1. — Son manuscrit sur le Concile de Trente, 315. — Le lieu de sa sépulture indiqué à iort comme étant à Saint-Eustache à Paris, II, 371.

PITHOU, célèbre jurisconsulte, I, 241, note 4.

PLAIN-CHANT DE SENS (Le) est le vrai plain-chant. — Admiré par Chastelain, I, 33. — Seul mode usité dans la cathédrale de Sens, II, 122.

PLAIN-CHANT. — Observations de Lebeuf sur la manière d'en diviser les syllabes dans l'impression, II, 490, 492.

PLAIN-MARCHAIS, prieuré de l'ordre du Val-des-Choux au diocèse d'Auxerre, I, 180.

PLANCHER (Dom), auteur de l'*Histoire de Bourgogne*, obligé de ne pas traiter dans son livre les ducs de Bourgogne comme souverains, II, 206. — A omis de parler d'un fait important de l'histoire de Sens, 318.

PLANOISE en Bourbonnais, autrefois collégiale, et en dernier lieu prieuré, II, 105.

PLAT ÉMAILLÉ trouvé à Soissons, II, 312.

POCQUET DE LIVONNIÈRE (L'abbé). — A travaillé à la notice historique sur le diocèse d'Angers, II, 509.

POÈTES FRANÇAIS DU XVI° SIÈCLE, dont Lebeuf va publier la liste dans le *Mercure*, II, 251.

POISSON (Léonard), savant compositeur de plain-chant, travaille au chant du graduel de Sens en 1723, I, 338, II, 364, 486. — Il doit aller auprès de Lebeuf pour perfectionner son ouvrage, ibid. — Va à Auxerre, 350. — Son portrait par Fenel, 351. — Curé de Marsangis, janséniste, renfermé au séminaire, puis exilé, II, 156.

POISSON (Dom), religieux à Saint-Pierre-le-Vif. — Croyait que le corps de saint Germain avait été brûlé, II, 543. — Religieux observateur de la Règle, 568.

POISSON (Le P.), cordelier de Sens, mort en exil à Tanlay, II, 412.

POLLUCHE D'ORLÉANS. — Critique l'explication de Lebeuf sur l'inscription

Pro salute Dominorum, etc., II, 108. — Auteur de Mémoires historiques, 421, 508.

Pons-Syriacus, Pont-sur-Yonne, I, 74, 157.

Pontchevron (église de), succursale de La Bussière, I, 74.

Pontifical de Sens du XIIIe siècle, vendu en 1849 à M. de Salis. I, 265, note 6.

Pontigny. — L'abbaye possède le *Miroir historial* de Vincent de Beauvais, manuscrit, II, 47. — Lettre sur les tombeaux de l'abbaye, 136 et note 1. — On y a trouvé des cercueils en grand nombre, 140.

Popelin (Le). — Ferme près de Sens, où était autrefois une maladerie, II, 286.

Porcher (Etienne). — Livre sur la généalogie de ce personnage, habitant de Joigny, I, 332.

Poste aux Lettres. — Plaintes de Lebeuf sur les retards que les lettres éprouvent, II, 442.

Pothières, abbaye fondée par Gérard de Roussillon, I, 8.

Pouillé d'Orléans. — Lebeuf le réclame à Polluche, II, 561.

Pouillé de Sens, copié par le doyen Fenel, II, 270. — Dit de M. Amette, 274, (voy. Amette). — Ouvrage de conséquence, 312. — Renseignements sur les exemplaires existant, 313. — Fenel consent qu'on le fasse imprimer, ibid.

Pouillés des Diocèses. — Projet de Lebeuf de les faire réimprimer, II, 270. — Suite du projet de la publication, 300. — Détails sur la publication de ces livres qui ne se vendent pas, 316.

Pourchot, recteur de l'Université, né à Poilly près d'Aillant, I, 322.

Pourpre (Dissertation sur la teinture de la), par Fenel, II, 205.

Pourrain. — Charte du IXe siècle, contenant don de cette terre au Chapitre d'Auxerre, I, 129.

Prévost (Le P.), bibliothécaire à Sainte-Geneviève, ses travaux et sa correspondance avec Lebeuf, I, XIV et 192. — Zélé pour les bons rites, 254. — Travaille sur les écrivains Auxerrois, 312. (Voy. aux Tables des lettres les pièces qui lui ont été adressées.)

Prévost, curé de Bernay, 200. — Prévost de Normandie, est-ce le même, ou Le Prévost, curé de Lisieux ? 288.

Princes d'Orient (Trois) du XIIIe siècle, enterrés à Pontigny, I, 141.

Priscus, évêque de Lyon, II, 88, 89. — Canonisé mal à propos par les

auteurs du bréviaire d'Autun de 1728, 95. — Nouvelles observations de Lebeuf, 105.

Prise d'Auxerre. — L'impression de cet ouvrage se faisait lentement en 1722, I, 311. — Lebeuf explique les raisons pour lesquelles il l'a publié, 335. — L'envoie en feuilles au P. Prévost pour avoir son avis, 346. — Peu des exemplaires de ce livre sont complets, 371.

PROCOPE. — Son ignorance en géographie et sa crédulité lui ont fait confondre toutes choses, II, 461.

PROTESTANTS. — Ne prennent pas exclusivement des noms de l'ancien testament, II, 162.

PROVINS est une ville nouvelle bâtie par les comtes de Champagne, II, 274.

Q

QUARRÉ. — On y trouve des tombeaux à milliers, II, 161. — Ces tombeaux viennent de la carrière de Champrotard, 167.

QUESNEL (Le P.), I, 357.

QUÊTE POUR LES PAUVRES A AUXERRE, faite par des ecclésiastiques dans un tiers de la ville, I, 305.

QUIRINI (Le cardinal). — Elu académicien honoraire, adresse à l'Académie son *Diarium Italicum*, II, 423. — Lebeuf lui écrit et lui envoie son livre sur le chant ecclésiastique, 482.

R

RACINE, auteur du poème sur la *Grâce*, complimenté de la part du pape, II, 406. — Reçoit de nouveaux compliments pour son poème de la *Religion*, 416.

RAGNOBERT, évêque d'Autun au VIIe siècle, omis dans le catalogue des prélats de ce siège, II, 106.

RAIMBERT, professeur de dialectique à Lille, I, 115.

RAMPILLON (Seine-et-Marne). — L'église, fort belle, est du XIIIe au XIVe siècle, II, 531.

RANCÉ (L'abbé de), auteur d'un ouvrage intitulé : *Des Pensées chrétiennes*, etc., II, 288.

RAOUL (Le roi), enterré à Sainte-Colombe de Sens ; sa sépulture a disparu, II, 439.

Rapine, lieutenant-général à Nevers, numismate, I, 418.

Ravisius Textor, originaire de Saint-Sauge, I, 342.

Raynal (L'abbé), directeur du *Mercure*, s'est laissé empaumer par les dames, II, 553.

Réformes liturgiques. — Les projets de Lebeuf à ce sujet lui ont aliéné le Chapitre d'Auxerre, I, 280.

Refus de communion par deux Curés de Sens à leurs paroissiens soupçonnés de jansénisme, II, 484.

Réfutation du Livre de M. de Vert, qu'on croit de Mgr de Soissons, I, 57.

Régennes (Château de), séjour habituel de l'évêque de Caylus, I, 364.

— Lettre de Chevalier, gouverneur d'Auxerre, au sujet de la prise de ce château en 1569, I, 408.

Régent (Le) imagine un accommodement pour terminer les querelles de la Bulle *Unigenitus*, I, 208, note 11.

Regnaud de *Saligniaco*, évêque d'Auxerre au xiiiᵉ siècle, II, 138.

Reine Pédauque (La). — Lebeuf demande à D. Germain s'il y a dans le diocèse d'Autun quelque église qui porte la statue de ce personnage, II, 545.

Relachement dans les Offices de l'Église d'Auxerre. — Lebeuf en accuse le doyen Moreau, I, 427.

Religieux (Les) disent tous, à l'exception des Capucins, qu'ils aiment mieux être à Auxerre qu'à Sens, I, 382.

Religieux mendiants. — Lebeuf prétend qu'ils citent des bulles qui leur défendent de prêter (des manuscrits), II, 394.

Reliques de saint Germain d'Auxerre (Procédures pour la reconnaissance des) en 1751, II, 547.

Remi d'Auxerre. — Ses Homélies à l'abbaye de Moyen-Moutier, I, 171. — Son commentaire sur la Genèse, publié par le P. Pez, I, 402.

Resson. — Fenel prouve que ce lieu s'appelait *Ressontium* au xiiiᵉ siècle, II, 483.

Revillon, prieuré de l'ordre du Val-des-Choux au diocèse d'Auxerre, I, 181. — Dépend de l'abbaye Saint-Germain, id.

Révolte a Bicêtre en 1740, à cause de la réduction des rations des prisonniers, II, 280.

Ribauld de Gannat, auteur de travaux historiques, II, 200.

Richer (L'abbé Claude), chanoine d'Auxerre, I, 303, note 16.

Richerolles (Jacques-André de), curé de Mauregard, possède des collec- tions de toutes sortes, II, 515.

Riobe, lieu mentionné dans les *Tables théodosiennes*, II, 270. — Ne peut être sur la route de Bray, 274.

Rites anciens. — Zèle de Lebeuf pour leur rétablissement, I, 210, 211.

Rivisiacum, lieu situé près de Pontigny (Yonne), II, 494.

Robert Abolanz. — Observations sur sa chronique faites par Lebeuf, I, 49 et 246, note 7.

Robert Foucher, procureur de la ville d'Auxerre, père du jurisconsulte, I, 288.

Robinet de Pontagny, subdélégué de l'Intendant à Auxerre, II, 248.

Rollin, directeur de l'Université, II, 63.

Rossontensis, Rousson près Villeneuve-le-Roi et non en Beauvoisis, II, 250. — Retranché du Soissonnais par Fenel, II, 480.

Rostaing (De), prieur de Saint-Germain d'Auxerre, auteur de poésies la- tines, I, 108, note 10.

Rouen. — Lebeuf visite la cathédrale en 1718, I, 131.

Rousseau, curé de Saint-Romain au xviie siècle, a composé une Histoire de Sens sans critique, I, 271.

Rousseau (J.-J.), son livre sur la nouvelle manière de noter la musique, II, 402. — Lebeuf écrit contre lui pour défendre Gui d'Arrezzo, 418.

Rousselet (Jean), recteur du collége d'Auxerre, I, 247.

Rousson, lieu autrefois considérable, II, 271. — Regardé à tort comme le *Rossontensis*, ibid., note 5. Voy. *Rossontensis*.

Rouvray, hameau de la paroisse de Venouse, I, 62, 63.

Ru-Chièvre, passage de la voie romaine dans la montagne en face de la ville de Sens, rive gauche de l'Yonne, II, 275. — On en attribue le per- cement à l'archevêque de Sallazar, II, 429.

S

Sabinus, caché dans un souterrain du pays de Langres, II, 311.

Sacy. — L'église est des xiie et xiiie siècles. — Le village dépendait des Templiers, II, 54.

SAILLY-LA-BELLE-ÉGLISE. — Le peuple y est éclairé jusque dans les sciences ecclésiastiques, I, 106. — Son nom latin, 111.

SAINTS-EN-PUISAYE, lieu du martyre de saint Prix et de ses compagnons, I, 13.

SAINTS DE FRANCE. — Lebeuf est d'avis de retenir leur mémoire dans le Missel plutôt que celle des autres, I, 27.

SAINTS LOCAUX. — Opinion de Lebeuf sur le culte à leur rendre en France, II, 79 et suiv. — Placés dans le calendrier ; critiques de Lebeuf à ce sujet, 84.

SAINT AGILUS, mentionné dans un manuscrit de l'église de Villevallier, II, 256.

SAINT AMATEUR D'AUTUN, qualifié évêque à juste titre, II, 82 et note 10.

SAINT AMÉ, prétendu archevêque de Sens, vénéré à Douai ; sa chasuble et sa châsse, II, 517.

SAINT ANNOBERT, évêque de Séez. — Son corps repose dans le monastère de Morienneval, II, 247.

SAINT APER, saint Sénonais du vi[e] siècle, II, 316.

SAINT ASPAIS, confesseur, mort à Melun, I, 28.

SAINT BAUDÈLE, martyr. — Son histoire manuscrite envoyée au P. Prévost, I, 387.

SAINT-BENOÎT, église de Sens. — Quelle est son origine? II, 272. — Sous le vocable du patriarche des moines d'Occident, 275.

SAINT BERTRAN DU MANS. — Lebeuf a vu un exemplaire de son testament du xiie siècle, II, 454.

SAINT BOND, solitaire à Sens, I, 271.

SAINT CARADEU, patron de Donzy, I, 147. — Lebeuf demande des renseignements au P. Prévost sur ce saint, 192. — Remarques du P. Viger sur sa légende, II, 228.

SAINT CHRISTOPHE. — Sa statue, élevée autrefois à l'entrée de la cathédrale d'Auxerre, était énorme, II, 578.

SAINT CHRYSANTE, I, 305.

SAINT CLAIR D'AUXERRE, saint inconnu à Lebeuf, I, 305.

SAINT CYDROINE, martyr auprès de Joigny, I, 28, 89.

SAINT CYDROINE, village près Joigny (Yonne). — Le *Calosenagus* de la vie de *Saint-Cydroine*, I, 90, note 4.

SAINT-CYRAN-EN-BRENNE (abbaye de), I, 258, note 3.

Saint-Denis-la-Chatre, église de Paris où l'on a découvert une tombe en pierre avec effigie d'un prêtre, II, 426.

Saint Déterminé. — Son tombeau dans l'église de Crain, I, 17.

Saint Edme. — Erreur du Bréviaire de Sens sur la date de sa mort, II, 235.

Saint Éodald. — Son corps est dans la châsse de saint Savinien, II, 522.

Saint Eptade. — Sa fête à Autun et à Auxerre, II, 96, note 16.

Saint Etienne. — Estampes qui le représentent à la tête du missel de Sens, I, 44. — Les moines de Saint-Germain d'Auxerre ont donné à l'archevêque Sewin des reliques de ce saint, I, 217.

Saint Eulade, évêque de Nevers, distinct de saint Eolade, II, 257.

Saint Eusèbe, évêque de Verceil. — Lebeuf compose sa légende et l'envoie à M. de La Chauvinière, I, 196.

Saint-Eusèbf, prieuré d'Auxerre. — La régularité y diminue en 1721, I, 259. — Historique sur ce prieuré, 360. — Il y a dans cette église une verrière représentant le sacrifice d'Abraham et due à la famille Ferroul, 415.

Saint Félix, martyr à Merry-près-d'Aillant, I, 28.

Saint Ferréol et saint Ferrutien, martyrs près de Besançon, au IIIᵉ siècle, I, 3.

Saint-Flaive, évêque de Rouen, II, 255.

Saint Flocelle, martyr, né à *Augustodurum*. — Fables de sa légende lue à Beaune, II, 45 et note 2. — Originaire des Pays-Bas, 83, 99. — Ses ossements conservés à Beaune sont-ils d'un enfant ou d'un adulte? 277.

Saint-Florentin. — Lebeuf avait des papiers sur cette ville, II, 415.

Saint Fort, saint Guinefort et sainte Aveline dans l'église Saint-Maurice de Sens, I, 81. — Leur légende populaire, 82; II, 387. — La châsse sera descendue et ouverte (1744). — On ne peut y toucher sans exciter les cris du populaire de la paroisse Saint-Maurice, 446. — Observation sur les procès-verbaux; peut-être y a-t-il trois saints? 480. — Charte de l'archevêque Louis de Melun sur ces saints, II, 484.

Saint Fortuné, évêque, mort à la Grande-Paroisse, près Melun, I, 28.

Saint Francoveus, qualifié évêque de Sens dans un martyrologe d'Autun, II, 566.

Saint Germain d'Auxerre. — L'article sur ce saint dans les Bollandistes est du P. du Sollier, II, 115. — Ses reliques à Corbie et au Paraclet, près d'Amiens, I, 169. — Les Huguenots ont détruit celles qui étaient dans les églises du diocèse d'Auxerre, ibid. — Recherches de Lebeuf à

ce sujet, 174, note 2. — Les reliques de ce saint découvertes, suivant Lebeuf, à Notre-Dame-la-d'Hors, I, LXIII. — Suivant Lebeuf, son corps n'a pas été brûlé, II, 543. — Procédure pour la reconnaissance de ses reliques poursuivie par Lebeuf, 547. — Son suaire (voy. SUAIRE). — Son culte en divers lieux, I, 205. — Paroisses du diocèse d'Autun sous son vocable, II, 259 — Études sur la composition de l'office de ce saint, sujet très difficile, I, 417.

SAINT-GERVAIS, abbaye, puis prieuré près d'Auxerre, I, 127, 129.

SAINT GLAÇON D'ÉTAMPES était un compagnon de saint Vincent de Paule, II, 409. — Ibid., 412, 414.

SAINT GOMBERT, évêque de Sens, fameux en Lorraine, I, 29.

SAINTS GORGONE, NABORD ET NAZAIRE. — L'évêque Chrodegand obtient leurs corps du pape Paul Ier, I, 4.

SAINT GRENUCHON, patron d'une chapelle à Briare, I, 315.

SAINT HELENUS. — Critique de Lebeuf sur sa légende, I, 233.

SAINT HILAIRE (communauté de), séminaire de Paris, I, 260, note 1.

SAINT HONULFE, évêque de Sens. — Remarque sur la translation de ses reliques en Artois, II, 366.

SAINT IGNACE. — Son nom a remplacé celui de saint Germain dans le bréviaire d'Amiens, I, 206. —

SAINT JACQUES-L'HÔPITAL, (Notice sur) à Paris I, 8.

SAINT JUST, martyr auxerrois. — Sa maison à Auxerre, I, 398.

SAINT-LAMBERT. — Paroisse du diocèse de Paris où il est d'usage de présenter à l'offrande un coq blanc pour être préservé des descentes, II, 426.

SAINT LANGUEUR. — L'un des trois saints inhumés dans l'église de Crain (Yonne), I, 12.

SAINT LANGUEUR, appelé aussi saint Quentin, I, 315.

SAINT LAZARE. — Lebeuf adresse à D. Germain des observations critiques sur le culte et les reliques de ce saint, II, 33, 35 et suiv., ibid., 49. — Lebeuf attribue à l'église d'Avallon un morceau de la tête de ce saint. 45. — Analyse critique des procès-verbaux dressés au xve siècle sur saint Lazare, 51. — Sa châsse à Avallon, 106.

SAINT LIZIER DE CONSERANS, II, 247.

SAINT LOUIS. — L'église de Garches a été la première élevée sous son invocation, II, 247.

SAINT LOUP DE SENS. — Ses reliques conservées à Brienon, I, 102. — Déposition de ses reliques à *Erdona*, II, 131.

SAINT LOUP DE TROYES, patron d'une paroisse d'Auxerre. — Lebeuf dresse l'office de la fête de ce saint, I, 122.

SAINT-MALO, prieuré de l'ordre de Grandmont, sur Ouzouer-sur-Trézée, I, 183 et note 5.

SAINT-MAMERT, paroisse d'Auxerre, I, 61.

SAINT-MARIEN, abbaye de Prémontrés à Auxerre, I, 110.

SAINT MARTIN DE BRIVES (Notice sur), II, 147.

SAINT MARTIN. — Ses reliques ont été appo tées à Auxerre au ix⁰ siècle, I, 117, note 9. — (Étoffe de), à Olivet, 164. — Son manteau conservé à Clamecy, 170. — Le trésor de la cathédrale de Sens possède une grande quantité de ses reliques, 173. — Sur l'auteur de l'*Histoire de la translation de ses reliques à Auxerre*, 227. — Y a-t-il au trésor de Sens une côte de ce saint? II, 155.

SAINT-MAURICE, au faubourg d'Yonne à Sens. — Les reliques de sainte Aveline et de ses frères sont conservées dans l'église, I, 28. (Voy. SAINT FORT, etc.)

SAINT-MAURICE DE SENS. — Le curé de cette paroisse est en fuite de crainte d'une lettre de cachet, II, 409.

SAINT MÉDARD. — Critique de sa vie écrite par Fortunat, II, 514, 516.

SAINT MORÉ, saint du diocèse d'Auxerre, I, 226. — Sa tombe dans l'église Saint-Germain, 227.

SAINT-NAZAIRE, église d'Autun, a eu plusieurs corps de martyrs, selon Lebeuf, II, 45.

SAINT OPTAT, évêque d'Auxerre. — Examen de son histoire, I, 250. — On a eu son corps à Vierzon, 306 et 390, note 3. — Sa vie remise au P. Souciet, II, 254.

SAINT PATERNE, tué dans la forêt de Sergines (Yonne), I, 28, et II, 571. — Famille des Goëre et des Farinade qui descendent des assassins de saint Paterne, ibid.

SAINT-PAUL-SUR-VANNE, abbaye à Sens, I, 265, note 5.

SAINT PÈLERIN. — La translation de ses reliques par M. de Caylus en 1716; I, 230.

SAINT PÈLERIN, la plus ancienne église d'Auxerre, I, 99.

SAINT-PÈRE D'AUXERRE, religieux de la Congrégation de Sainte-Geneviève. — Lebeuf se plaint de ces religieux, I, 336.

Saint-Pons (l'évêque de) rétablit l'office de saint Germain à la place de celui de saint Ignace, I, 205.

Sainte Porcaire, I, 154 et note 1.

Saint Potentien, qualifié diacre dans un Martyrologe d'Usuard fait au xii° siècle, II, 566. — Fenel se réjouit de cette découverte, 569.

Saint Pourçain en Auvergne. — L'église possède une statue de la reine Pédauque, II, 545.

Saint-Quentin. — Cette ville est l'ancienne Auguste des Vermandois, II, 513, 516. — On y montre dans l'église la main de saint Quentin encore couverte de sa peau, 515. — Description de la cathédrale, 516. — Voies romaines des environs; les habitants en voient plus qu'il n'y en a, ibid.

Saint Racho, II, 83, 88. — Évêque d'Augt et non d'Autun, 99, 100.

Saint-Regnobert, paroisse d'Auxerre sur laquelle est né Lebeuf, I, 348, note 5.

Saint Rigomer. — II, 245, 255.

Saint Romble, du Berri. — Anecdote sur son tombeau à Sancerre, 1, 251. — Abbé à Saissy-les-Bois, 387.

Saint Salve, confesseur, n'est pas le même que saint Salve, évêque d'Alby, I, 189.

Saint Savin, Auxerrois, disciple de saint Germain, I, 228.

Saint Savinien et sainte Colombe de Sens. — Leurs légendes refaites au ix° siècle, II, 131. — Légendes manuscrites de saint Savinien à l'abbaye de Longpont, 310. — Examen de la légende de saint Savinien, 522.

Saint Savinien (Fête de). — Lebeuf y a assisté dans la cathédrale de Sens et la décrit, I, 35.

Saints Speusippe, prétendus martyrs dans les Gaules, II, 114.

Saint Thibaud des Bois, solitaire. — Son corps reposait dans la chapelle de son nom, à Pourrain (Yonne), II, 537.

Saint Thomas de Cantorbéry a étudié le droit à Auxerre, II, 283.

Saint Turiaf, I, 295, 296.

Saint Ursicin. — Son tombeau à Crain, I, 11. — Mémoire sur ce saint et sur deux autres prétendus saints, dont les tombeaux sont dans l'église de Crain, 16.

Saint Valles, prêtre auxerrois, I, 29.

Saint-Vandrille possède une église du x° siècle, II, 524. — On y garde un Catalogue des archevêques de Sens du x° siècle, ibid.

SAINT-VANNE (abbaye). — Tombeau du B. Richard, I, 3.

SAINT VICTOR-DE-PARIS (L'abbaye). — Grands bruits sur elle en 1743, II, 418.

SAINT VICTRICE, évêque de Rouen. — Auteur de l'ouvrage *De Laude Sanctorum*, II, 257.

SAINT VINCENT. — Ses reliques dans la paroisse de Magny en Nivernais, I, 506.

SAINTE BEATE, II, 126. — Son tombeau à Avrolles (Yonne), 127, note 5, 136.

SAINTE BERTHE. — Ses reliques à Adon, près Gien, I, 383.

SAINTE COLOMBE, martyre à *Erdona,* près de Sens, II, 126, 286.

SAINTE-COLOMBE DE SENS (Abbaye de). — Manuscrit récent contenant un résumé des principaux titres, II, 439.

SAINTE-COLOMBE DE PARIS. — Dissertation de Lebeuf sur l'église de ce ce nom, II, 389.

SAINTE FÉLICULE DE GIEN. — Ses reliques, I, 193. — Honorée aussi à Léré, 231.

SAINTE-GENEVIÈVE, *lieu dit* à Auxerre où l'on a trouvé des antiquités, en 1723, I, 355.

SAINTE HÉLÈNE. — Sa légende supprimée par M. de Caylus, I, 134. — Les filles de la paroisse de Saint-Loup d'Auxerre l'ont prise pour patronne, ibid.

SAINTE MADELAINE. — Son culte en France est venu de Vézelay, II, 84.

SAINTE MATGIÈ (Office de), composé par Lebeuf, I, 122.

SAINTE PALLAYE (Lacurne de), membre de l'Académie. — Lebeuf a emprunté pour lui le manuscrit de Gérard de Roussillon appartenant au Chapitre de Sens, II, 337. — Ses mémoires sur l'ancienne chevalerie, lus à l'Académie en 1746, 524.

SAINTE PÉLAGIE, qualifiée à tort de pénitente, I, 231.

SAINTE TENESTINE. — Il y a de ses reliques à Corbigny, II, 256.

SAINTE TEODÉCHILDE. — Son inscription a été trouvée par l'archevêque de Sens, Mgr de Bellegarde, II, 323.

SAISIE DU LIVRE DE LA *Prise d'Auxerre.* — Histoire des motifs racontée par Lebeuf, I, 370, 372.

SAISSY-LES-BOIS, prieuré du diocèse d'Auxerre, I, 306 ; II, 577.

Salioclitum est peut-être Chailly, II, 298.

SALLÉ, chanoine de la collégiale de la Cité, à Auxerre. — Chargé des affaires de Lebeuf, II, 383.

SALLIER (l'abbé), bibliothécaire à la Bibliothèque du Roi. — Anecdotes sur lui, II, 326, 329.

SAMOIS, terre dépendant de l'abbaye Sainte-Colombe de Sens où les gens du roi Philippe I exigeaient des droits, II, 491.

SANTEUIL. — Ses hymnes enlèvent par leur onction, II, 13.

Sarmasia. — Lieu dépendant de Saint-Germain d'Auxerre, II, 488, 491.

SAVIGNY. — Abbaye cistercienne, I, 297. note 12.

SAVOISY (Charles de) fit bâtir le château de Seignelay par des Sarrasins prisonniers, I, 195.

SAVOISY (Henri de), archevêque de Sens. — Son origine, I, 195. — Fut inhumé dans une peau de cerf, ibid.

SCEAUX D'OFFICIAUX représentant une tête mitrée, II, 531.

SCEPTRE DE CHARLEMAGNE conservé à Saint-Denis. — Sa description, II, 68.

SECOUSSE, de l'Académie, opéré de la cataracte à un œil en 1752; II, 563.

Secret des Framaçons (sic) *dévoilé*, brochure publiée en 1744, II, 457.

SELEBIE. — Monastère fondé en Angleterre par Benoît, moine de Saint-Germain d'Auxerre, I, 313.

SÉMINAIRE DES TRENTE-TROIS. — Lebeuf ne veut pas le fatiguer de ports de lettres, I, 333.

SEMUR. — L'église possédait la couronne de saint Sigismond, II, 52.

SENON, village près de Châtelleraut. — M. Le Nain, intendant, projette d'en publier la notice, II, 280.

SENS EN BOURGOGNE OU *sans Bourgogne*. — Explication de cette expression, II, 129, 130.

SENS. — L'emplacement primitif de cette ville est-il celui qu'elle occupe aujourd'hui ? II, 164. — Murs romains décrits par Fenel, 181. — Il y a eu des combats de gladiateurs et des prêtres d'Auguste dans cette ville, 186. — Les murs en sont munis de cordons de briques, II, 204. — Les murs sont composés de fragments de temples payens, et les fossés sont du XIVe siècle, 346. — Découverte des vestiges d'un Hôtel-Dieu détruit au XIVe siècle. II, 189. — La basilique de Saint-Jean dans la cathédrale destinée au baptême par immersion était différente de celle qui existe actuellement, 497. — La ville prise par le roi d'Angleterre en 1420, II, 319.—Sainte Rusticule passant dans cette ville y fait un miracle, II, 319.

— Nouvellistes et promeneurs politiques en 1743, II, 414. — Fenel dit qu'on y a du dégoût pour les lettres, 434.

Sépultures. — Le concile d'Auxerre de l'an 500 défend d'enterrer les morts les uns sur les autres, I, 140. — Rites sur les sépultures à propos du tombeau de Charlemagne, II, 116.

Serain, rivière. — Lebeuf l'écrit *Senain*, comme venant de *Sedena amnis*, II, 499.

Serriacum, lieu dépendant de Saint-Pierre-le-Vif, II, 488.

· Servandoni reçoit de la part du pape l'ordre du Christ dans l'église de Sens en 1744, II, 450.

Servinien (Noël), organiste de la cathédrale de Sens, l'un des auteurs du *Plain-Chant Sénonais*, I, 125, note 1. — Sa mort, II, 223.

Sevin, membre de l'Académie. — Sa mort en 1741, II, 321. — Fenel en témoigne tous ses regrets, 322. — Il va faire des démarches pour tâcher d'obtenir une de ses places, ibid. — Mort pour avoir mangé trop de fruits à la campagne, 328.

Sirfridus, saint Nivernais inconnu, II, 257.

Situation financière mauvaise en 1743, II, 405.

Sixte, ancien prieuré de l'abbaye de Vézelay, II, 134. — Situé au-dessous de Sens, Gérard de Roussillon y défit Charles-le-Chauve, 158.

Smaragde, abbé de Saint-Mihiel, I, 115.

Soie. — La soie était-elle commune vers l'an 400 de Jésus-Christ ? II, 550. — (Dissertation de Pascal Fenel sur la), 554.

Soissons. — On en a apporté un plat de cuivre rouge orné de sujets de joueurs d'instruments émaillés, II, 312. — Lebeuf dit que « cette ville est fort gentille, » 454.

Soissons (L'Académie de). (Voy. Académie).

Solaize. — Inscription milliaire rectifiée par Lebeuf dans le *Mercure*, II, 118.

Sonnerie de la cathédrale d'Auxerre. — Moyens à employer pour l'améliorer, II, 347.

Soraci, médecin italien, qui a demeuré à Auxerre, II, 446.

Souciet (le Père Étienne). — Lettre de Lebeuf à ce savant sur le Chant, II, 64. — Sa mort en 1744, 449. — Son caractère, 450. — Son frère cadet, qui était *septilinguis*, est mort deux jours après lui, 453.

Soufflot (Prix), bourgeois de Saint-Eusèbe d'Auxerre, blessé par les Huguenots, I, 416, note 35.

Souppes. — On y possède les reliques de saint Clair et de saint Léger, II, 429.

Sourds-Muets. — Un prêtre de la Doctrine chrétienne d'Avallon leur enseigne à parler, II, 521.

Sous-Chantre de la Cathédrale d'Auxerre. — Ses attributions, I, 174.

Soutane violette des chanoines d'Auxerre, I, 389.

Souterrains-Refuges en Picardie. — Histoire de leur origine, II, 304, note 5.

Squelettes ornés de bracelets trouvés à Bray-sur-Seine en 1751, II, 549. — A Asnières près Paris et datant du ive siècle, 554.

Statue de saint Christophe d'Auxerre. — Lebeuf annonce, en 1741, qu'on va l'abattre, II, 333.

Statues de rois et de reines aux portails des églises. — Lebeuf est revenu de l'idée qu'elles représentaient des rois et des reines de France, II, 545.

Statuts synodaux d'Auxerre de 1572, à la Bibliothèque du roi, I, 215. — Du xve siècle, 291. — Lebeuf en a plusieurs, 292.

Suaire de Saint Germain. — Lebeuf conteste son authenticité, II, 559. — Les sacristains de l'abbaye de Saint-Germain débitent qu'il a été donné par l'impératrice Placidie pour envelopper le corps du saint, ibid. — Représente des aigles aux ailes éployées, 551. — Historique de ce suaire, ibid. — La date de la fabrication très difficile à fixer; Fenel la met au xive siècle, II, 558. — Cette étoffe était faite pour l'habillement de quelque seigneur, 561. — Melot la date de l'an 1450 environ, 564. — Opinions de divers savants sur ce sujet, 565.

Suisse de la Bande de Raffiat scié en deux dans la plaine des Sablons, en 1743, II, 404.

Symbole de la Foi différant du symbole des apôtres; morceau qui se lisait à Sens au moyen âge, II, 288.

Synodes d'Auxerre, tenus depuis le xvie siècle et relation de celui de 1717, I, 159 et suiv.

Syriacus-Pons, voy. **Pons-Syriacus.**

T

Tables de Cire. — Théodoric, évêque de Chartres, fait coucher sur des tables de cette matière un inventaire de vases d'or et d'argent. II, 533.

TABLES DE PEUTINGER. — Vues par un petit trou fait au haut d'un papier, on rétablit tout le tracé à sa place, II, 281. — A propos des règles de perspective qu'on présume avoir été suivies dans leur composition, II, 402.

TABLE D'OR DE L'EGLISE DE SENS, II, 128. — Visitée en 1537, par ordre du roi, 274.

TAFFOUREAU DE FONTAINE, doyen de Sens, I, 268, note 13.

TALLEVENNE (De), lieutenant des maréchaux à Saint-Mihiel, ami de M. de La Chauvinière, I, 113. — Offre de se dévouer en secret à la défense de la vérité, 124.

TANLAY. — Maison de Cordeliers où l'on envoyait les frères en détention, II, 412.

TAVEAU (Jacques), écrivain Sénonais, I, 236, note 2. — Reçu chanoine d'Auxerre en 1597, II, 333.

TAVEAULT, chanoine d'Auxerre. — Ses mauvais procédés vis à vis de Lebeuf, I, 278, 289.

TERÈRE, écrivain peu connu, qui vivait à Nevers vers 970. — Qualifié *Clarissimus*, I, 229.

TERRASSON, curé de Treigny, arrêté en 1735 comme fauteur des Convulsionnaires, II, 189, note 6.

TEXTE (Le P.), critique d'un mémoire de lui dans le *Mercure* de 1742, II, 387, ibid., 405.

THÉODORE DE BÈZE. — Son *Histoire ecclésiastique des églises réformées*, I, 320.

THIROUX (Dom Jean), bénédictin, exilé à Corbigny, II, 44.

THOMASIUS (Le cardinal). — Lebeuf a reçu ses 4 volumes en présent, II, 541.

THUILERIES (L'abbé des). — M. de La Chauvinière dit que c'était le père de l'Histoire de France, I, 380.

TILLEMONT. — Ses erreurs dans les Vies des saints de l'Auxerrois, I, 13, 14.

TITRES FAUX fabriqués dans le diocèse de Chartres, II, 178.

TOMBELLES A VOILE, en Picardie, II, 512. — A une lieue de Vermand, 516. — A l'abbaye du Mont-Saint-Martin, canton du Catelet, à Condran et près Noyon, 517.

TONDU (Jean), auteur d'une brochure sur la *Quadrature du cercle*, persiflé par le censeur M. Montcarville, II, 535.

Toul, abbaye de Saint-Mansui. — Tombeau du saint de ce nom, I, 5.

Touron (Lë P.) publie le tome 1ᵉʳ de son *Histoire des hommes illustres de l'ordre de saint Dominique*, II, 405.

Tours. — Les murs romains, très à découvert, formaient un carré parfait, II, 430.

Tradition de l'église d'Auxerre, mémoire de Lebeuf imprimé en Hollande, I, 194.

Trésor de la Cathédrale de Sens. — Disposition du tableau des reliques, I, 174.

Trésor des Chartes. — La place de garie du Trésor des Chartes, que sollicitait Lebeuf, paraît réservée à quelqu'un de la famille du procureur-général, II, 361.

Triguière, village du Loiret pris à tort pour *Vellaunodunum*, II, 286.

Troche, imprimeur Auxerrois, I, 135.

Trucchis (M. de), chanoine de Chartres, II, 103.

U

Urbain II, pape, I, 390.

Urbain Reversey, préchantre de Sens, auteur d'une histoire manuscrite des archevèques de cette ville, I, 234, 235. — Son livre ne se retrouve point à Sens, 300.

V

Vache grise. — Redevance due à Auxerre au moyen âge, I, 379.

Vaillant (Dom Hugues), auteur de vers sur la *Prise d'Auxerre par les Huguenots*, I, 406.

Vaissette (Dom), savant historien du Languedoc mis bien au-dessus de ses confrères, II, 533.

Val-des-Choux. — Historique des trois maisons de cet ordre dans le diocèse d'Auxerre, I, 179.

Val-des-Choux (Ordre du). — Le réformateur vint à Auxerre en 1721, I, 258. — La règle proscrit l'usage du vin. — Sévérité du régime, ibid.

Valentines de Metz. — Coutume ancienne, ce que c'était, II, 165.

Vallambert (Simon de), savant médecin, né à Avallon, II, 206.

Variétés historiques. — Compilation attribuée à un plagiaire, II, 562.

Vaulcisant, abbaye de l'ordre de Cîteaux (Yonne), I, 297. — Remarques sur ses manuscrits, 309.

Vendome. — On y conserve un pontifical de Salzbourg, manuscrit de plus de 900 ans, II, 204. — Cérémonie de Lazare dans laquelle on délivre un condamné à mort, ibid.

Venouse, paroisse dépendant du Chapitre d'Auxerre, I, 63.

Venuti (L'abbé), lauréat de l'Académie des Inscriptions en 1741, II, 302, note 2.

Verdun en Lorraine. — L'Histoire de cette ville par l'abbé Roussel, II, 424.

Verdun. — Inscription sur le couvent des Prémontrés, I, 3. — Tombe dans l'abbaye Saint-Vanne, où sont enterrés huit évêques, 172.

Vermand. — Cette ville n'est pas l'*Augusta Vermand.*, selon Lebeuf, II, 513. — Il n'y passe aucune chaussée romaine, II, 516.

Vert (De), savant liturgiste, I, 57.

Vert-Vert ou le Perroquet de Nevers. — Anecdote sur cette pièce et son auteur, II, 179.

Vetus-domus, lieu voisin d'Orléans, mentionné dans un diplôme de Charles-le-Chauve, II, 137.

Vézelay. — L'histoire de cette ville est difficile à faire à cause de la perte des documents qui la concernaient; I, 414, note 32.

Vie a Paris. — Ce que cela coûtait à Fenel en 1744, II, 471. — Lebeuf trouve que les chiffres en sont trop élevés. — Simplicité de son menu, 475.

Vie de Charles V, publiée par l'abbé Lebeuf, II, 423.

Viger (Le P.), II, 228.

Vigier (Le P.), de l'Oratoire, dépositaire des papiers de feu l'abbé Chastelain, I, 147. — A entre les mains un manuscrit de Lebeuf. — Celui-ci craint qu'il ne soit perdu, II, 67.

Vignobles de l'Auxerrois, cités dans le *Journal de Verdun* de 1723, I, 367, note 3.

Villages du Sénonais, dont les noms latins sont inconnus à Lebeuf, I, 59, — Autres, dont Fenel détermine la situation, 67.

Ville d'Auxerre. — Remerciements du corps municipal pour l'hommage que Lebeuf lui a fait de ses *Mémoires sur l'Histoire d'Auxerre*, II, 440.

Villeneuve-la-Dondagre, terre donnée au Chapitre de Sens, par T. de Sallazar, II, 158.

Villeneuve-le-Roi, ville fondée par Louis-le-Jeune, II, 271, note 5.

Villes gauloises. — Lebeuf n'a pas d'opinions absolues sur leur emplacement.

Villes payennes. — Les chrétiens y occupent un quartier séparé, II, 363.

Vilman, curé de Sailly-la-Belle-Eglise. — Lebeuf lui adresse des compliments, I, 105. — Pousse Lebeuf à réformer le Calendrier des saints du diocèse d'Auxerre, et lui annonce qu'il en fera de même dans son diocèse, 206.

Vin a la Mesure d'Auxerre, distribué au Chapitre de Sens, II, 139.

Vin d'Auxerre des religieux de Saint-Germain, vendu 350 livres le muid en 1741, II, 331.

Vins d'Auxerre. — Leur éloge dans le *Mercure*, I, 373, 378, note 5. — La ville envoie une feuillette du meilleur vin d'Auxerre au rédacteur du journal, ibid. — Lebeuf prépare un mémoire contre les défenseurs de la supériorité des vins de Joigny, II, 111.

Vinneuf et Courlon. — Charte de Thibaut, comte de Champagne en 1228, contenant concession de franchises aux habitants, II, 572.

Vintimille (De), archevêque de Paris, II, 243.

Viole (Dom), prieur de Saint-Germain d'Auxerre, I, 11.

Visitation (Couvent de la) à Auxerre, I, 133.

Voies Romaines. — D'Agrippa : on voit encore les restes de la levée au-dessus d'Auxerre, II, 116. — Description de son tracé jusqu'au Vault, 117. — Élevée en dos d'âne à moitié chemin de Coulanges, II, 358. — En Picardie, 511. — de Chartres a Orléans, II, 504. — d'Orléans a Sens : son tracé et son étendue, II, 428, 429. — D'Orléans a Paris : sa description, II, 504. — Du Gatinais : nécessité de la visiter, II, 297. — Du Sénonais : observations de Lebeuf, II, 293. — De Sens a Meaux : son itinéraire depuis Bray, II, 117.

Voitures publiques, passant à Sens pour Paris en 1751, II, 547.

Vomere Anserino. — Signification de ces mots, II, 523, 525.

Voyages de Lebeuf du côté de la Loire en 1725, I, 416. — De Sens à Auxerre, curieuse description de l'itinéraire par Lebeuf, II, 338. — Automnal en Bourgogne et en Franche-Comté, 564. — Voir sur les nombreux voyages de Lebeuf, II, préface, p. xv et suiv.

Voyage de Sens a Paris. — Fenel ne peut l'exécuter à cause du déborde-

ment des eaux qui empêche le coche de marcher, et parce que la diligence est pleine, II, 416.

Voyage liturgique (Le) fait l'éloge du chant de l'église de Sens, II, 146.

W

WATERFORD (L'évêque de), vicaire-général de Sens, I, 20. — Mandement de l'archevêque de Sens au sujet de sa mort en 1739, II, 252.

WISNICK (Jacques), vicaire-général de Mgr de Caylus, I, 433, note 6.

FIN DE LA TABLE ANALYTIQUE.

ERRATA

DES TOMES I ET II DES LETTRES DE L'ABBÉ LEBEUF.

———

TOME I.

Page 45, 2e alinéa, ligne 3, pseaume, *lisez* psaume.

  Idem.   dernière ligne, Bagneux, *lisez* Bayeux.

Page 158, ligne 18, saint Germain des Prés, *lisez* Saint-Germain-des-Prés.

Page 162, 2e alinéa, ligne 5, mettez un point après N. N.

Page 180, dernière ligne du texte, mauvois, *lisez* mauvais.

Page 187, 2e alinéa, ligne 5, de cælo, *lisez* de cœlo.

Page 210, Marlenne, *lisez*, Martène.

Page 222, 2e alinéa, ligne 6, dessein, *lisez* dessin.

Page 330, ligne 12, *Exceptia*, *lisez* *Exceptio*.

Page 234, ligne 6, l'envoyer à Sens, *lisez* vous l'envoyez à Sens.

Page 248, note 18, 1re ligne, Sarzau, *lisez* Sarzan. 2e ligne, Il a publié
entre autres, avec Münster, etc..., *lisez* Il (Belleforêt) a été le traducteur de la *Cosmographie* de Munster.

Page 265, 3e alinéa, ligne 8, de *Dies*, *lisez* le *Dies*.

Page 267, ligne 4, France, *lisez* franc.

Page 268, 3e alinéa, ligne 3, de Movenac, *lisez* de Marcenac; de Marinesse, *lisez* de Marmesse.

Page 276, ligne 16, Gui de Bard, *lisez* Gui de Bar.

Page 280, ligne 12, exceptia, *lisez* exceptio.

Page 303, ligne 6, Saint-Phoutin, *lisez* Saint-Pouthin.

Page 309, 1er alinéa, ligne 1, je suis bien fàché, *lisez* je fus.

Page 319, 3e alinéa, ligne 9, Alloi, *lisez* Allai.

Page 338, dernière ligne de la note 3, *ciatio*, *lisez* *citato*.

Page 401, ligne 13, Rovire, *lisez* Rovier.

Page 409, 5e alinéa, ligne 3, Blanchet David, *lisez* Blanchet Davy.

TOME II.

Page 17, si dominus regnavit avait été changé... *lisez* si « dominus regnavit » entre guillemets.

XI

Page 44, note 18, le 14 septembre 7131, *lisez* le 14 septembre 1731.

Page 92, à l'avant-dernière ligne du texte, *mutatu mutandis*, *lisez mutatis mutandis*.

Page 109, inscription romaine :

ET CARAI....

LA COF...

lisez ET CANTA....

LA COI....

d'après le texte proposé par Lebeuf lui-même, dans le *Mercure* du mois d'octobre 1731, p. 2351 ; voyez également *Mém. sur l'Hist. d'Auxerre*, t. II, p. 7, 1re éd.

Page 228, lettre n° 248, *supprimez* la date d'Auxerre.

Page 331, ligne 3 du dernier alinéa, Scaint, *lisez* Saint.

Page 232, ligne 17, prætentatio, *lisez* præsentatio.

Page 301, ligne 1, au lieu de : Eginharta, *lisez* Eginhart.

    Ibid.   ibid., le peuple de Janus, *lisez* le temple de Janus.

Page 312, 3e alinéa, ligne 5, *Novissime*, *lisez novissime*.

Page 565, note 3, 2e ligne, l'abbé Minard, *lisez* Ménard.

ADDENDA

TOME I.

Page LVII, ligne 5, ajoutez :

Le nom de Lebeuf ne figure pas une seule fois non plus dans le *Journal des Nouvelles ecclésiastiques*, ainsi qu'on le constate à la table en deux volumes in-4° de cet ouvrage curieux.

TOME II.

Page 2. A la suite de l'avant-dernier alinéa, placez la note suivante :

Pierre Guérin de Tencin, né à Grenoble le 22 août 1680, archidiacre de Sens le 15 décembre 1703, fut nommé archevêque d'Embrun le 2 juillet 1724. En apprenant cette nomination, le Chapitre métropolitain de Sens crut devoir lui adresser une lettre de félicitations, à laquelle Lebeuf fait allusion ici. Pierre Guérin de Tencin devint aussi abbé commendataire de Vézelay. Il fut nommé le 15 avril 1702 et prit possession de l'abbaye le 9 juillet suivant. Son nom revient plus d'une fois dans la correspondance que nous éditons. Voyez notamment page 13, texte et note.

Page 28, ligne 18. A propos du R. P. Leaulté de Sainte-Colombe, *ajoutez* en note :

Dom Claude Leaulté ou Léaulé, né à Dijon, vers 1683, mort au monastère d'Ambournay le 3 octobre 1746. Voyez sur lui l'*Hist. litt. de la congr. de Saint-Maur*, par D. Tassin, p. 642.

Page 37, note 2. Après les mots : après sa mort, *ajoutez* : et en 1781.

Page 132. Complétez ainsi qu'il suit la note 12 :

Le manuscrit dont parle Lebeuf n'est autre que celui qui figure aujourd'hui dans la Bibliothèque d'Auxerre sous le n° 106. Il contient :
1° une petite chronique, sous la forme d'éphémérides, que le P. Labbe

a publiée très incorrectement ; 2° quelques fragments, parmi lesquels le début d'une histoire des comtes de Nevers, également publiée par Labbe ; enfin, 3° la fameuse chronique d'Hugues de Poitiers, publiée en partie par Dachery, traduite par M. Guizot, et qui a fourni à M. Augustin Thierry la matière de plusieurs *Lettres sur l'Histoire de France*. Voyez sur ce curieux recueil l'*Etude historique sur Vézelay*, par l'un des éditeurs, M. Chérest (Auxerre, 1865-1868, 3 vol. in-8°).

Page 160, note 6. *Ajoutez* :

La petite chronique de Vézelay porte elle-même : « *In pago Lemovico.* » Le P. Labbe a eu tort d'imprimer *Senonico*, car le seul exemplaire connu de cette chronique ne saurait laisser aucune espèce de doute. Voyez Man. 106 de la Bibl. d'Auxerre, f° 12, v°.

Page 446. La translation des reliques des saints Fort, Guinefort et Aveline eut lieu le 25 septembre 1746, par Mgr Languet, en présence du clergé. La procession générale se rendit à une chapelle dressée à l'endroit dit le *Chapeau-Rouge*, où la tradition indiquait que ces saints sont morts. (*Registres de baptêmes, etc., de la paroisse de Saint-Maurice de Sens.*)

Page 544. 1750. — Lettres de Dom Tripperet à Lebeuf. — On lit dans un livre intitulé *Etude sur la Chronologie des sires de Bourbon* (x°, xii° siècle) par M. Chazaud, archiviste de l'Allier, trois lettres à l'abbé Lebeuf, de Dom Tripperet, religieux de La Charité-sur-Loire, et datées des 17 juin 1750, 21 avril et 12 juillet 1751, lesquelles sont relatives à un ouvrage entrepris par Dom Tripperet et ayant pour titre *Mémoire pour servir à l'histoire de la ville et du prieuré de Souvigny*. L'auteur veut, dans ces lettres et dans ce livre, établir l'authenticité de deux chartes tirées des archives de Souvigny, qui établissent soit-disant la généalogie du comte Aymard, fondateur du prieuré de Souvigny au commencement du x° siècle, lequel serait la tige des sires de Bourbon. Il prie l'abbé Lebeuf de le recommander à l'abbé Sallier qui est nommé censeur de son livre ; et au refus de réponse de M. Sallier il demande à Lebeuf de vouloir bien lui donner son avis sur ce livre. Ces deux chartes, qui ont servi de base à la généalogie des premiers sires de Bourbon, ont été fabriquées, avec d'autres, par le père André, carme, prieur du couvent de Moulins, à la fin du xvii° siècle, et ont induit en erreur tous les historiens sur l'origine de la maison de Bourbon. — Voyez, sur ce sujet, le curieux mémoire de M. Chazaud précité.

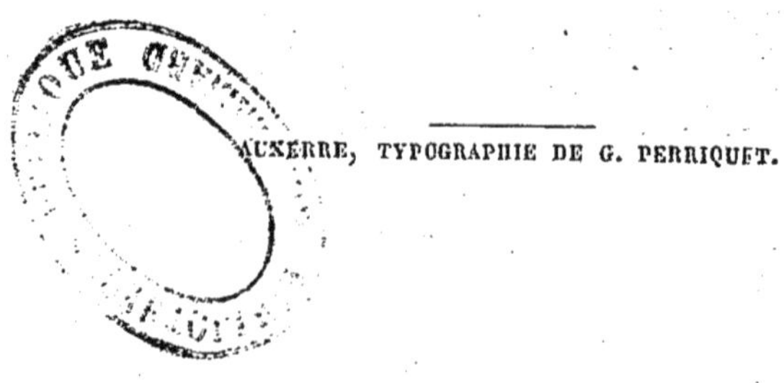

AUXERRE, TYPOGRAPHIE DE G. PERRIQUET.

www.ingramcontent.com/pod-product-compliance
Ingram Content Group UK Ltd.
Pitfield, Milton Keynes, MK11 3LW, UK
UKHW020940120726
13693UKWH00004B/1435